CFOと FP&A

石橋善一郎・三木晃彦・本田仁志 著
Zenichiro Ishibashi *Akihiko Miki* *Hitoshi Honda*

中央経済社

はじめに

本書の著者である３名（石橋善一郎，三木晃彦，本田仁志）は，グローバル企業および日本企業において，CFO（Chief Financial Officer）を目指したキャリアを歩みました。CFOは一般には企業における職種だとみなされています。私たちはこれまでの経験により，CFOを１つのプロフェッション（専門職）として考えています。なぜならば，CFOというポジションは，ある日，突然，会社から任命されるものではなく，キャリア・アップを図るプロフェッショナル（専門職業人）が永年の努力を重ねながら目指すものだと考えるからです。

グローバル企業において，経営管理を担当する組織はFP&A（Financial Planning & Analysis）と呼ばれます。CFO傘下のFP&A組織において働く構成員はFP&Aプロフェッショナルと呼ばれ，FP&Aプロフェッショナルを経験することはCFOを目指すための重要なステップと捉えられています。

私たち３名は，CFOを目指したFP&Aプロフェッショナルとしてのキャリアを歩む過程で，職業人団体（日本CFO協会と米国管理会計士協会）で互いの知己を得ました。現在，日本CFO協会の「Club FP&A」,「FP&A実務研究会」などを企画・運営するFP&Aプログラム運営委員会の運営委員としてともに活動しています。

本書は，FP&Aプロフェッショナルである私たちが，FP&Aプロフェッショナルに向けて，以下の構成で執筆しました。

- 第１章は，CFOとFP&Aが果たすべき２つの役割を紹介します。（石橋）
- 第２章は，経営管理の仕組みであるFP&Aプロセスを説明します。（石橋）
- 第３章は，FP&A組織の組織構造を紹介します。グローバル企業のFP&A組織における良いビジネスパートナーになるための課題を検討します。（三木）
- 第４章は，日本企業におけるFP&A組織の成り立ちを紹介します。日本企業のFP&A組織におけるFP&Aテクノロジーの可能性を検討します。（本田）
- 第５章は，FP&Aプロフェッショナルに求められるスキルセットとマイン

ドセットを紹介します。（石橋）

本書が，読者のFP&Aプロフェッショナルとしてのキャリア形成の一助になり，日本企業におけるFP&A組織の確立・発展の一助になることを心から願っています。

2022年11月

執筆者を代表して　石 橋　善一郎

目　次

第1章

CFOとFP&A

本章のねらい

- 日本企業とグローバル企業におけるCFO組織の役割の違いを学ぶ。
- グローバル企業における経営管理組織であるFP&A組織について学ぶ。
- 日本企業における経営管理組織であるFP&A組織が抱える２つの問題について学ぶ。
- グローバル企業におけるFP&A組織の２つの役割について学ぶ。

本章と第２章，第５章の筆者（石橋）は，グローバル企業および日本企業において，CFO（Chief Financial Officer：最高財務責任者）としてのキャリアを歩んだ。

CFOは一般には企業における職種だとみなされているが，筆者はこれまでの経験により，CFOを１つのプロフェッション（専門職）として考えている。なぜならば，CFOというポジションは，ある日，突然，会社から任命されるものではなく，キャリア・アップを図るプロフェッショナル（専門職業人）が永年の努力を重ねながら目指すものだと考えるからである。

グローバル企業において，経営管理を担当する組織はFP&A（Financial Planning & Analysis）組織と呼ばれる。CFO傘下のFP&A組織において働く構成員は「FP&Aプロフェッショナル」と呼ばれ，FP&Aプロフェッショナルを経験することはCFOを目指すための重要なステップと捉えられている。

CFOを目指すFP&Aプロフェッショナルのキャリアのイメージを伝えるた

めに，筆者のキャリアを紹介する。筆者のCFOを目指すキャリアの入り口は，日本企業において経営管理を担当する仕事であった。

1 FP&Aプロフェッショナルのキャリア

(1) 富士通

1982年（22歳）に富士通に新卒で入社した。入社時に配属されたのは，海外事業本部事業管理部管理部管理課という事業部の管理部門。当時，富士通は積極的な海外事業展開を進めており，海外子会社の予算管理や米国子会社による企業買収や工場用地買収，カナダでの新子会社の設立などを手がけた。さまざまな投資案件を海外子会社の立場で稟議書にまとめ，本社の経理部や財務部に説明した。

たいへんに働きがいのある仕事であったが，当時，奇異に感じていたことがあった。社内における自分のキャリアの見通しである。富士通では経理，財務，法務，人事などの職能機能が縦割り組織になっていた。職能組織内のローテーションが基本で，職能組織間でのローテーションはほとんどなかった。新卒で海外事業本部に配属された場合，一通り仕事を覚えた段階で海外子会社に駐在し，長期間にわたり海外子会社で勤務する。海外駐在から戻ってきた後は，経理部や財務部に配属されることはなく，海外事業本部の中でのローテーションになる。経理や財務を担当する見込みがなかった。

1985年（25歳）に富士通アメリカに駐在する機会を得た。社長室で富士通アメリカの子会社群の経営管理を担当した。子会社の経営管理を担当する３人の米国人CFOに出会い，複数の企業買収プロジェクトで一緒に働いた。

1988年（28歳）に富士通を退職して自費でスタンフォード大学経営大学院のMBA課程に入学した。戦略，財務会計，管理会計，企業財務などの科目を履修した。振り返れば，後述するFP&Aプロフェッショナルとしての２つの役割（「真のビジネスパートナー」，「マネジメント・コントロール・システム（Management Control System：MCS）の設計者・運営者」であること）を果たすための良い準備になった。

(2) コーポレイトディレクション

1990年（30歳）当時，日本ではCFOというプロフェッション（専門職）が存在していなかった。株式会社コーポレイトディレクションで経営コンサルタントになった。しかし，経営コンサルタントという仕事に，自分のキャリアにとっての将来性を感じることができなかった。将来のキャリアを模索している時に思い出したのが，富士通アメリカ勤務時に一緒に働いた３人の米国人CFOだった。経営管理の豊富な経験とMBAや公認会計士などの資格取得を積み重ねて，プロフェッショナル（専門職業人）としてCFOのキャリアを築いていた。自身のこれからのキャリア選択にあたり，以下の３つの基準を考えた。

- 自分はその仕事が好きか，嫌いか？
- その仕事は自分に向いているか，いないか？
- その仕事からの経験と自己学習（専門職資格やMBAの取得）を積み重ねることによって，長期間にわたりプロフェッショナルとしての成長を継続することができるか？

(3) インテル

1991年（31歳）に米国半導体企業のインテルの日本法人にFP&A担当マネジャーとして入社した。グローバル企業のCFO組織には，経営管理（FP&A），経理（Accounting），財務（Treasury）の３つの部門がある。経営管理と経理のチームのヘッドがコントローラー（Controller）であり，財務のチームのヘッドがトレジャラー（Treasurer）である。そこでFP&A担当マネジャーを３年間務めた。このポジションは社内で回転ドアと呼ばれ，担当者が毎年変わっていた。上司はインテル本社から日本法人CFOとして出向してきた米国人コントローラーだった。初めての外国人上司の下で首になる恐怖で歯を食いしばって仕事をした。

1994年（34歳）に経理担当マネジャーへのローテーションを志願した。CFOのキャリアを築くために，財務会計の実務経験が必要だったからである。1997年（37歳）に経営管理部門と経理部門の両方を統括するコントローラー（部長）に昇進した。2000年（40歳）にインテル米国本社へのローテーションを志願した。ノートブックPC用のマイクロプロセッサを企画・開発する製品事業部のコントローラーのポジションを得た。“セントリーノ”と呼ばれるまったく新しいマイクロプロセッサの開発にビジネスパートナーとして関わった。

FP&Aプロフェッショナルとしての実務経験を積み重ねることと並行して，スキル習得のための学習を続けた。1999年に米国公認財務管理士（CFM），2000年に米国公認管理会計士（U.S.CMA），2001年に米国公認会計士（USCPA，イリノイ州Certificate），2002年に米国公認内部監査人（USCIA）の資格を取得した。

2002年（42歳）にインテル日本法人に帰任した。入社時から目指していたCFOに昇進し，経営管理，経理，財務の3つの部門を統括した。“セントリーノ”が2003年に発売され，インテル日本法人の売上高は2002年の1,800億円から2004年の3,100億円へ急伸した。

CFOになって3年目に入った当時，このまま同じポジションで働き続けるのは自分のCFOとしての成長に良くないと感じていた。外資系企業の日本法人のCFOではなく，上場日本企業の本社CFOを目指したいと考えた。一橋大学大学院国際企業戦略研究科金融戦略・経営財務コースのMBA課程に入学し，上場企業のCFOになることを目指して，企業財務の学び直しに励んだ。

インテルにおいてグローバル化が進展し，インテル日本法人の一部機能を海外拠点に集約することが始まった。買掛金支払いなどの業務を東南アジアの拠点に移した。自分のチームのメンバーに仕事がなくなることを告げるのは，最悪の経験だった。この経験が14年間勤務したインテルからの転職に踏み出すきっかけになった。

（4） ディーアンドエムホールディングス

2005年（45歳）に東証二部上場企業であったディーアンドエムホールディングス（D&M）へ執行役CFOとして転職した。当時，外資系のPEファンド（Private Equity Fund）が日本企業の企業再生を目的として活発な投資活動を始めていた。外資系日本法人のCFO経験者が上場日本企業の本社CFOに移籍できる機会が生まれた。

D&Mに入社したその日の午後に，財務部長からD&Mが銀行借入契約の財務制限条項にすでに抵触しており，数カ月先の年度決算で再度，抵触する状況にあることを知らされた。会社の新規事業である“MP３プレーヤー”のリオ事業が大きな赤字を出していた。米国子会社の赤字によって，このまま事業を続けると会社の資金繰りが回らなくなる状況にあった。しかし，リオ事業は２年前にPEファンドが新規事業として買収した経緯があり，経営陣がPEファンドに撤退を言い出しにくい状況にあった。

入社した数カ月後に，米国PEファンドが海外で上場したことの祝賀パーティーがあり，来日したPEファンドの創業者であるオーナーに挨拶する機会を得た。オーナーにD&Mの窮状を直接，訴える好機だと考えた。立食パーティーの会場でオーナーに「インテルは大きな組織だったので，D&Mでは『小さな池の中の大きな魚』として活躍したいです」と自己紹介した。「D&Mもインテルに負けない大きな組織になる」と返された。

手短にリオ事業に改善の見込みがなく，撤退の時期が来ていることを話した。オーナーは「あなたのマインドセットは完全に間違っている。リオ事業には未来がある」と怒り始めた。自分とオーナーが話し合っていると，２人の周りをPEファンドのパートナー数人が取り囲んでいるのに気づいた。皆，無言で固唾を飲んで聴いている。２人の会話が終わると，友人だったパートナーの１人から「あなたは本当に危ないことをした。二度としないでくれ」と英語で耳打ちされた。落胆してパーティー会場を去る時に，オーナーが私の顔を見てウインクしてくれたのが救いだった。後日，もう１人のPEファンドの日本人パートナーの方から，「石橋さん，あなたはPEファンド内でオーナーに盾を突いた男と呼ばれていますよ」と言って笑われた。

パーティーの席でオーナーには思い切り怒られたが，率直にFace to Faceでオーナーに撤退を直訴したことは，結果的に吉と出た。川崎本社で出会った優秀な部下をリオ事業の本社があるシリコンバレーにリオ事業のコントローラーとして送り込んだ。週次で事業進捗会議を開催し，リオ事業からの出血を止めるために事業進捗のコントロールに集中した。リオ事業のコントローラーと緊密に連絡を取って，直近12カ月の利益計画と資金予測を作成した。作成した利益計画と資金予測を基に，リオ事業を存続させれば赤字が継続し，銀行借入れの継続ができず，会社の存続が危うくなることを関係者に伝え，リオ事業を清算する決定に持ち込むことに成功した。

D&MのCFOとして入社して半年後に，インテルで学んだコントローラー制度をD&M全社で導入した。米国や欧州で新たに買収したブランド事業をD&Mの事業部の1つとして取り込み，事業部コントローラーを配置して経営管理を行った。コントローラー制度を導入したことにより，M&Aによる成長戦略を効果的に実行することができた。3年間の在任中，D&Mの業績は売上高，営業利益ともに著しく回復し，上場企業として東証二部から一部への指定替えに成功した。

(5) 日本トイザらス

2007年（48歳）にジャスダック上場企業であった日本トイザらスへ代表取締役副社長兼CFOとして転職した。経営管理・経理・財務の3つの機能を統括するCFO組織と情報システム部門の責任者として入社した。日本トイザらスは入社した時点で2年続けて赤字を出していた。

自分のキャリアのロールモデルは，本書の第5章で紹介するハロルド・ジェニーンであった。米国本社CEOとの面接の際に，「CFOとして会社の成功に貢献した暁にはCEOになる機会がほしい。その可能性はあるのか？」と尋ねた。その可能性は十分にあるという返事をいただき，入社を決めた。

入社して半年後に社長室の一部であった経営企画部をCFO組織の中に移管し，CFO組織の一部であったFP&A部と統合した。CFOとして2008年の株主優待制度廃止，2010年のジャスダック証券取引所上場廃止を指揮した。10年間の在職期間中に担当職務は，店舗運営，店舗開発，サプライチェーン，物流，法務，電子商取引，人事へ拡がった。売上高の減少に苦しみながらも徹底したコスト削減と資産リストラを進め，厳しい事業環境の中で営業利益を増やした。在職期間後半には，量販店から専門店への取り組みや実店舗とオンラインストアの融合による成長戦略が奏功し，利益だけでなく売上高を成長させることができた。

日本トイザらスで勤務しながら，一橋大学経営大学院における2回目のMBA課程を6年かけて修了した。株主優待制度が株主価値を毀損することに関する修士論文をまとめた。この6年間は，「働きながら学び，学びながら働くキャリア」のハイライトになった。

(6)　プロフェッショナルとしてのCFO

筆者はCFOというプロフェッションを自分の天職だと思っている。天職という言葉には，天賦の才能とか先天的に持って生まれた才能を活かすことができる職業というイメージがあるかもしれない。CFOというプロフェッションの魅力は，自分の経験や学習から蓄積した後天的な才能を活かすことができることにある。

筆者が信じるプロフェッショナルとしてのCFOのあるべき姿は，以下のとおりである。

- CFOは，単なる経理部や財務部の責任者ではない。
- CFOの第１の役割は，CEO（Chief Executive Officer：最高経営責任者）の「真のビジネスパートナー」であり，自分自身が経営者（経営の当事者）であることである。
- CFOの第２の役割は，「マネジメント・コントロール・システムの設計者および運営者」として，長期的に戦略を形成・実行し，短期的に業績を上げることにある。

2　日本企業とグローバル企業のCFO組織

日本企業とグローバル企業において，CFOが果たす役割には大きな違いがある。グローバル企業のCFOは，コンプライアンスに関わる経理・財務・税務・内部統制等の分野と，ビジネスパートナーシップに関わる経営管理の分野の２つで重要な役割を担っている。一方，日本企業のCFOは，コンプライアンスに関わる分野ではグローバル企業のCFOと同様の役割を担っているが，２つ目の経営管理の分野で担う役割に大きな違いがある。

日本企業とグローバル企業におけるCFOの管掌部門を，**図表１－１**にまとめた。グローバル企業の大企業におけるCFOの管掌部門には，経理部・財務部・IR部などのコンプライアンスに関わる部門と，システム部・経営企画部などの経営管理に関わる部門が含まれている。人事部や法務部は，CFOの管掌部

図表１−１■日本企業とグローバル企業におけるCFOの管掌部門

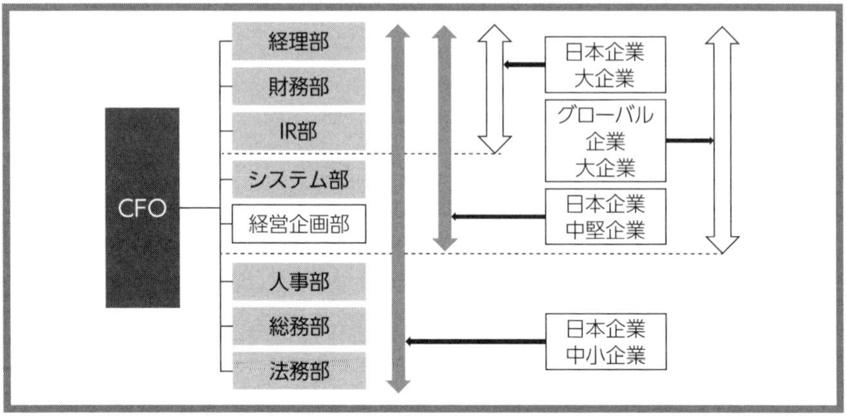

出所：大塚（2019）を筆者一部改変。

門に含まれないことが多い。人事部のトップはCHRO（Chief Human Resource Officer：最高人事責任者），法務部のトップはCLO（Chief Legal Officer：最高法務責任者）と呼ばれる。

日本の大企業におけるCFOの管掌部門は，経理部，財務部，IR部などに限定されることが多い。企業規模が大きくなればなるほど，CFOの管掌部門が小さくなる傾向がある。一方，大企業においても，CFOの社内における序列が高いと，経営企画部，人事部などに管掌部門が拡がる傾向がある。

日本企業におけるCFOの管掌部門である経理部と財務部の業務内容は，**図表１−２**により示すことができる。経理部と財務部の業務内容に関しては，グローバル企業と日本企業の間に大きな違いはない。

日本企業における経営企画部，情報システム部，人事部，総務部の業務内容が**図表１−３**である。経営企画部の存在が日本企業とグローバル企業との大きな違いである。グローバル企業では経営企画部は存在しない。経営企画部の経営戦略・経営管理業務は，CFOの管掌部門の１つであるFP&A組織が担当している。日本企業における経営企画部の誕生の経緯と，その役割と課題については，次節で紹介する。

グローバル企業において，CFOはCEOとともにトップマネジメントの一員

図表１－２■日本企業におけるCFOの管掌部門の業務内容

経理業務	決算処理	勘定科目管理，月次決算，連結決算など
	原価計算・原価管理	原価計算，在庫管理など
	開示業務	適時開示資料作成，有価証券報告書作成，統合報告書作成など
	税務業務	税務申告業務，税務調査対応など
	対外折衝	監査法人対応，証券取引所対応など
	IPO業務	上場計画策定，経営管理体制構築など
財務業務	財務戦略立案	財務戦略の立案と実行
	キャッシュマネジメント	資金繰り，現預金管理，有価証券管理など
	資金調達	銀行借入れ，金融機関折衝，社債発行，増資など
	資金運用	株式・社債への投資など
	外国為替取引	為替管理，為替決済，為替予約など
	債権管理	売上債権管理など

出所：大塚（2019）を筆者一部改変。

図表１－３■日本企業における経営企画部，情報システム部，人事部，総務部の業務内容

経営企画業務	経営戦略	企業戦略立案，M&A，業務提携など
	経営管理	中期経営計画，年度予算の策定，経営管理月報作成，ROE管理，最適配当政策，投資基準設定，子会社経営管理など
	IR	投資家対応，株主対応など
情報システム	業務システム，会計システムなどの検討・導入・運用，ネットワーク等のITインフラの企画・整備・運用など	
人事業務	人事戦略	人事中長期計画，人事年度計画，人事制度見直しなど
	採用・配置	要員計画策定，雇用年間計画策定，新卒・中途採用業務，昇進・昇格・定期異動など
	服務規程	規程，労働時間・休日管理，人事評価，人事情報システムなど
	教育・研修	教育・研修計画策定・運用など
	賃金	人件費管理，業績給，インセンティブ制度構築，退職金，年金制度見直しなど
	福利厚生	社会保険，住宅・生活関連など
総務業務	法務業務，株式事務，取締役会・株主総会運営，固定資産管理，広報業務，各種規程整備など	

出所：大塚（2019）を筆者一部改変。

として経営責任を負う。特に，短期的な業績目標を達成することへのアカウンタビリティ（Accountability）は重大である。アカウンタビリティは日本語で“説明責任”と訳されるが，その本質は“結果責任”である。

CFOは業績目標の達成に向けて組織のベクトルを１つに合わせるための要の役割を果たす。全体最適の経営を実現するために，**図表１-４**の経営管理プロセスを本社レベルと事業部レベルのそれぞれで回す。経営管理プロセスの設計と運営を通して，事業部や子会社などのすべての部門の長に働きかける役割と権限が与えられている。

図表１-４■経営管理プロセス（計画プロセスと統制プロセス）

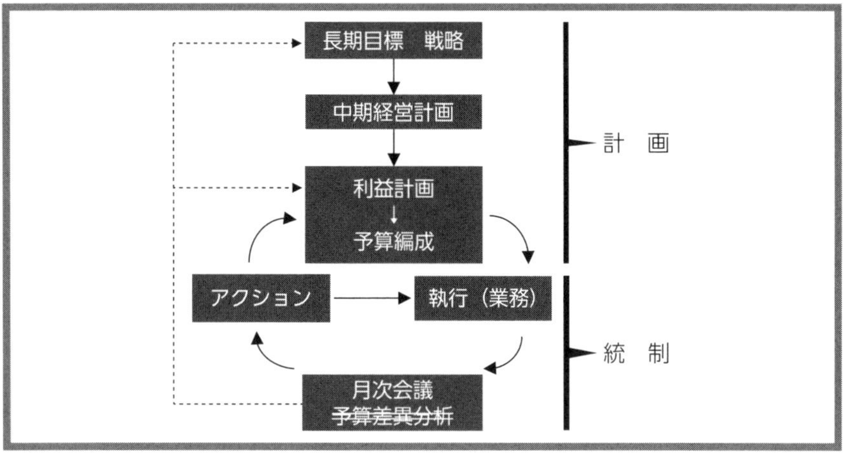

出所：谷（2013）を筆者一部改変。

グローバル企業におけるCFO組織の構造を，筆者が14年間勤務した米国半導体企業であるインテルの事例を基に紹介する。インテルのCFO組織は，**図表１-５**のとおり，コントローラー組織とトレジャリー組織（財務部）に分かれる。コントローラー組織の中に財務会計を担当する経理部と経営管理を担当するFP&A組織の２つがある。

経理部は原則として，本社レベルに位置する。事業レベルにおける事業部が子会社である場合に，財務担当コントローラーを配置することが多い。

FP&A組織は，全体最適による企業価値の中長期的な向上を目指して経営管

図表１-５■グローバル企業におけるCFO組織(1)

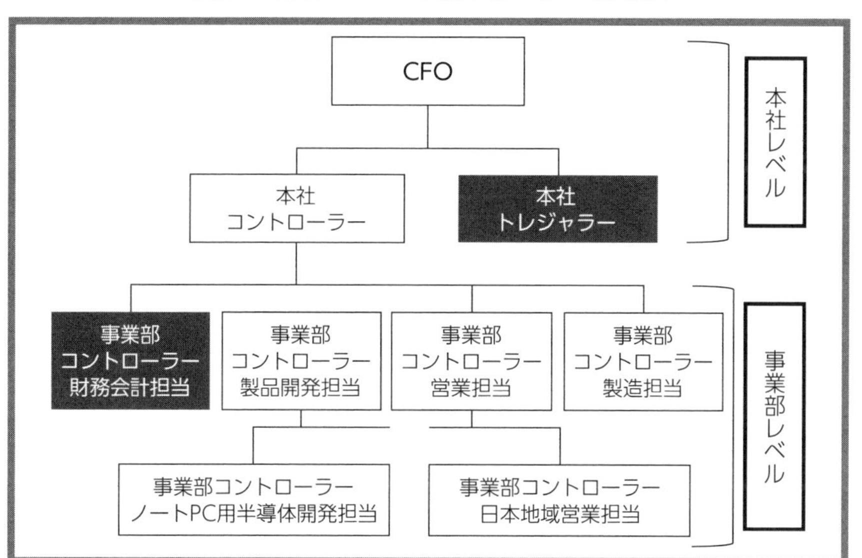

出所：筆者作成。

理を行う。本社において企業戦略の形成・実行を支援し，事業部において事業戦略の形成・実行を支援する。事業部制組織の場合，本社レベルに本社コントローラーを置き，事業部レベルに事業部コントローラーを配置する。事業部コントローラーとは，事業部を担当するFP&Aのリーダーである。

FP&A組織の特徴がマトリックス構造である。事業部コントローラーを**図表１-６**のように，事業部長と本社コントローラーの両方にレポートさせる。事業部コントローラーの業績評価を行う際に事業部長と本社コントローラーの両方から評価を受ける。マトリックス構造では，どちらの評価が最終評価になるかが重要であり，本社コントローラーの評価が最終評価になることが基本である。事業部コントローラーから本社コントローラーに実線，事業部長に点線のレポーティング・ラインが示される。

FP&A組織の成功は，事業部における事業部コントローラーの成功にかかっている。事業部コントローラーは，事業部レベルにおける経営管理プロセスを設計・運営し，事業部長の「ビジネスパートナー」として事業部長の経営意思

図表1-6■グローバル企業におけるCFO組織(2)

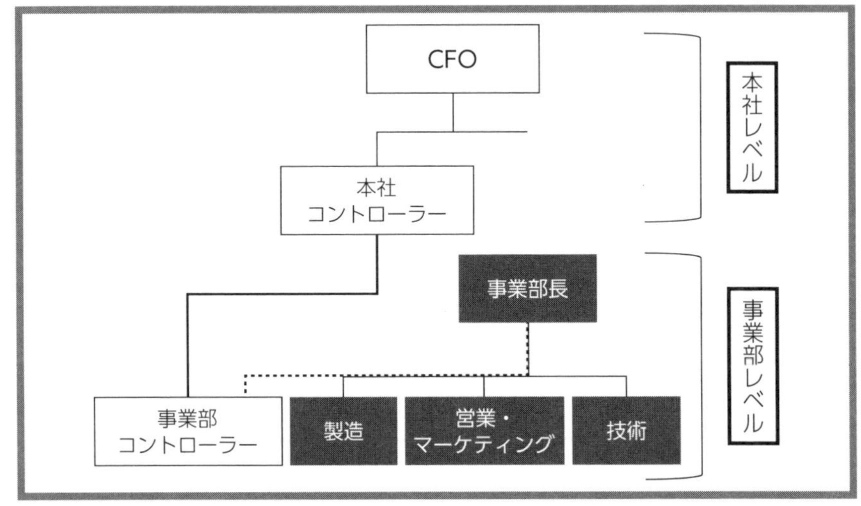

出所：筆者作成。

決定が企業としての全体最適となるように導く役割を果たす。

事業部コントローラーの成功を支援し成長を促すために，FP&A組織としての育成システムが存在している。インテルの実質的な創業者であるグローブ（Andrew Grove）は，CFOと本社コントローラーの役割を以下のように説明する。

> 「CFOと本社コントローラーは，事業部コントローラーが自分の役割を遂行できるよう訓練を積んでいるのを確認する。事業部コントローラーの専門的業績を検討・監視して，首尾よく本分を全うできれば，いずれもっと大きく複雑な事業部のコントローラーの地位に昇進させるなど，FP&A組織内での職歴づくりの面倒をみることになる。」（Grove（1983）（小林訳（2017）p.208））

FP&A組織に関するCFOと本社コントローラーの重要な役割には，(1)事業部コントローラーを訓練し，(2)事業部コントローラーを支援し，(3)事業部コントローラーの業績評価を行い，(4)事業部コントローラーの賞与・昇給・昇進・

ローテーションなどのキャリア作りの面倒をみる，の４点がある。

3 日本企業におけるFP&A組織（経営管理組織）

(1) FP&A組織の「２つの壁」

本書は，FP&A組織を「経営管理業務を主体的に担う経営管理組織」と定義する。多くの日本企業において経営管理業務を主体的に担う組織は，CFOの管掌部門である経理部と財務部ではない。本社においては本社経営企画部と呼ばれる組織である。事業部においては事業企画部と呼ばれる組織である。本社経営企画部は社長室とも呼ばれる。グローバル企業には存在しない日本企業独自の組織である。本社経営企画部が存在するために，経理部と財務部は，経営管理業務に主体的に関与することができない。

事業企画部は事業部長のスタッフとして事業部長のみにレポートする。こちらもグローバル企業には存在しない日本企業独自の組織である。本社経営企画部と事業部（子会社含む）の事業企画部の間にレポーティング・ラインが存在しない。日本企業の経理部や財務部では，新卒で入社した社員に背番号を付け，社員に部門内のさまざまなポジションをローテーションさせ，人材養成を行うことが一般的である。しかし，事業部で経営管理を行う社員には，同様のシステムが存在せず，同じ事業部で長期間同じ仕事に携わることが多い。

筆者は，経営管理組織に関する日本企業独自の問題を「２つの壁」と呼んでいる。１つ目は，本社における本社経営企画部と経理部・財務部の間の壁である。２つ目は，本社と事業部（もしくは海外子会社を含む子会社）の間の壁である。

本社と事業部（もしくは子会社）の間の壁の存在は，特に深刻な問題である。事業戦略の形成と実行には，事業部において経営管理プロセスを運営することが求められる。２つ目の壁が，本社経営企画部が事業部の経営管理プロセスに関与することを難しくしている。

日本企業独自の問題である２つの壁は，どのようにして生まれたのか。その源流は，1950年代にまで遡る。1950年代にアメリカ式の事業部制とコントローラー制度を日本企業に導入する試みとして，通商産業省から「企業経営における内部統制の大綱」，「内部統制の実施に関する手続要領」などの答申が出された。しかし，多くの日本企業において事業部制の導入が行われたにもかかわらず，コントローラー制度は根付かなかった。

> 「社会全体を見ることができる，かつ社内の信望に応え得る経営参謀本部を設置すべきという意見に対して経理部門自らは逃げ腰であった。（中略）コントローラー制度導入という政府の意図に反して，わが国で財務会計機能を持たず，常務会事務局と予算管理を担当する疑似コントローラーとしての経営企画部門が成立した。」（石川（2014）pp.22-27）

本社におけるコントローラー制度は経営企画部と経理部に分断された。事業部（もしくは海外子会社を含む子会社）におけるコントローラー制度の機能は事業部長とその事業企画スタッフが行うことになり，本社と事業部が分断された。

1950年代に生まれた２つの壁が，今日においても存続しているのである。筆者は，２つの壁が長年にわたり日本企業のグローバル市場における競争力を弱めてきたと考えている。近年，２つの壁を打ち壊すための取り組みとして，グローバル市場で競争する日本企業において，CFOが管掌する部門として新たにFP&A部門を導入する動きが進んでいる。

（2）　本社経営企画部の役割と課題

日本企業独自の経営管理組織である本社経営企画部の役割と課題を考える。本社経営企画部の役割に関して，2007年に東証一部上場の製造業を対象に大規模な調査が行われている（加登ほか（2007）pp.52-62）。

経営企画部の「主管業務」と「他の部署の支援を受けながら主に担当する業務」と回答した合計が70%を超えた業務は，以下の８つである。

①　トップの特命事項のサポート（96%）

②　経営全般に関する情報収集（93%）

③　戦略立案のための情報収集（88%）

④　中期利益計画の策定（80%）

⑤　経営資源の配分（76%）

⑥　事業ドメインの決定（74%）
⑦　経営理念の組織浸透（73%）
⑧　事業ポートフォリオの検討（72%）

日本企業において本社経営企画部は経営管理に関し大きな役割を果たしていることがわかる。しかし，社長室としての役割から，トップの特命事項のサポートや経営全般に関する情報収集の優先順位が高いことも見てとれる。

本社経営企画部の課題に関して，本調査は報告の結びにおいて，経営企画部では「経営戦略が主管業務と言いながら，実際には庶務業務，調整業務に追われている」と報告し，以下の３つの理由を挙げている。

①　庶務業務，調整業務等が事実上，経営企画部門の主な業務となっており，企業の長期的な発展のために必要な業務に経営資源が十分に投入されない。
②　庶務業務，調整業務等に追われて，仕事に従事している経営企画部門担当者の能力開発が阻害される。とりわけ，計数管理に関する能力開発面に問題がある。
③　本来の経営企画業務が円滑に遂行されないため，企業の長期的な競争力の獲得・維持が困難となる。

本社経営企画部が社長室としての庶務事項に追われて経営管理業務が円滑に遂行できないこと，および本社経営企画部と事業部（もしくは子会社）の事業企画部との間に立ちはだかる壁が障害となって事業部等との調整業務に追われていることの２つが指摘されている。

本社経営企画部の課題に関しては，2016年に行われた東証一部上場の製造業（水産業・建設業除く）861社（有効回答数：151社）を対象にした大規模な調査も参考になる（吉川ほか（2016）pp.84-90）。

調査報告は経営企画部門の課題を，「調整役であるが，経営管理に関する役割は明確ではない」と結論づけている。加登ほか（2007）の調査と同じく，事業部等との調整役であることが指摘されている。

「経営企画部が現状どんな問題を抱えているか」の質問への回答は，以下のとおりである。

① 役割を果たすための経験・知識が不足している。(35.1%)
② 必要な人員が不足している。(34.4%)
③ 役割を果たすための十分な権限がない。(4.6%)
④ 役割を果たすための十分な情報がない。(2.0%)

「経営企画部をどう改善すべきか」の質問への回答は，以下のとおりである。
① 必要な技能を習得するためのキャリアパスと研修制度を充実すべきである。(35.8%)
② もっと人員を増やすべきである。(23.2%)
③ 会社の中の位置づけを明確にすべきである。(19.9%)

経営企画部の直面する課題は，経営管理組織としての位置づけが曖昧であり，CFOを目指してキャリアを歩む経営管理のプロフェッショナルを育てるための教育・研修体制も整備されていないことがわかる。本社経営企画部長は本社経営企画部の果たすべき役割に関するビジョンを社内の関係部門と共有していないように見える。次節で紹介するとおり，グローバル企業のCFOの重要な役割がCFO組織のビジョンをCFO組織の組織構成員だけでなく，社内の利害関係者に伝えることにあるのとは対照的である。

4 グローバル企業におけるFP&A組織の役割と進化

本節では，グローバル企業におけるFP&A組織の２つの役割を紹介する。２つの役割が誕生し，進化した過程を説明する。

(1) １つ目の役割：真のビジネスパートナー

グローバル企業におけるFP&A組織が果たす重要な役割の１つが，「ビジネスパートナー」である。筆者は2000年から３年間，インテル米国本社に駐在し，ノートブック・パソコン用のマイクロプロセッサ製品事業部の事業部コントローラーとして勤務した。2000年当時，本社CFOはCFO組織のビジョンとして，「真のビジネスパートナー（Full Business Partner)」になることを掲げていた。

インテルのCFO組織においてCFO組織のチャーターを説明するために使用された研修用資料が**図表１－７**である。ビジネスパートナーとコンプライアンスの両方が重要であることを示している。コンプライアンスの目的は株主価値を維持することであり，ビジネスパートナーとしての役割は株主価値の最大化にあると定義されている（第２章と第５章で説明するが，筆者はCFO組織の目標は株主価値ではなく，「真の企業価値」の中長期的な成長であるべきだと考えている）。

図表１－７が研修の場で説明される際には，「CFO組織の構成員はコンプライアンスの面で問題があれば，CFO組織のメンバーとしてのライセンスが剥奪される。しかし，コンプライアンスの面でどんなに優秀でも，ビジネスパートナーとして優秀でなければ，社内での昇進はない」と教えられていた。

図表１－７■CFO組織のチャーター

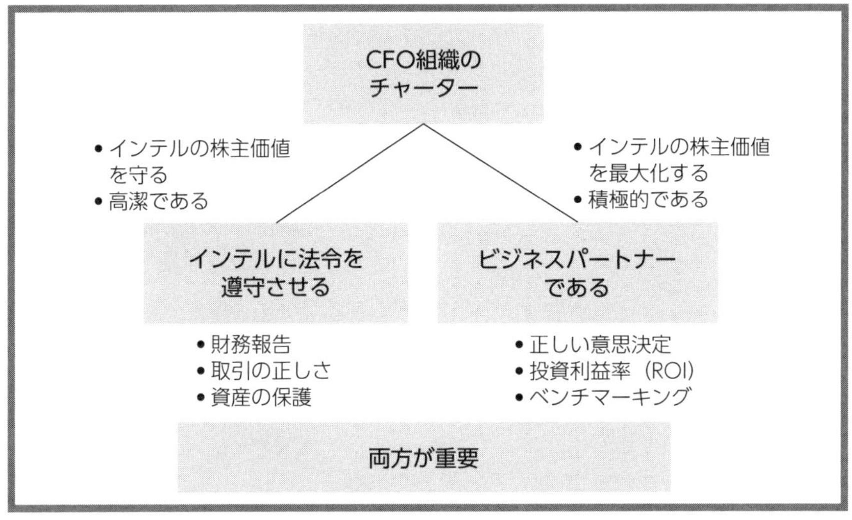

出所：筆者作成。

「真のビジネスパートナー」の意味を説明するのが，米国インテルのCFO組織で研修用資料として使用された**図表１－８**である。「真のビジネスパートナー」に到達するまでの５つの段階は，以下のとおりである。

① **「無関連」**：意思決定プロセスにまったく関われていない段階である。事業部の人々はFP&A組織のメンバーと一緒に働くことにまったく価値を感

じておらず，必要な場合にのみFP&A組織のメンバーと一緒に働く。

② **「意見を求められる」**：意思決定プロセスにおいて専門家としての意見を求められる段階である。事業部の人々はデータや分析を求めてFP&A組織のメンバーの意見を聞く。しかし，事業部の経営意思決定プロセスにFP&A組織のメンバーは参加していない。

③ **「意思決定プロセスに参加する」**：意思決定の当事者の一員になることを求められる段階である。事業部の人々は経営意思決定プロセスにFP&A組織のメンバーを招き入れ，FP&A組織の貢献を歓迎している。

④ **「意思決定を委任される」**：意思決定自体を委任される段階である。FP&A組織は中長期的な企業価値の最大化に向けて，リーダーシップを発揮し，変化を先導する。

⑤ **「真のパートナー」**：真のビジネスパートナーとなる段階である。経営意思決定における事業部とFP&A組織の間の境はなくなる。１つのチームとして，持続的な成長に取り組む。

図表１-８■真のビジネスパートナーのビジョン(1)

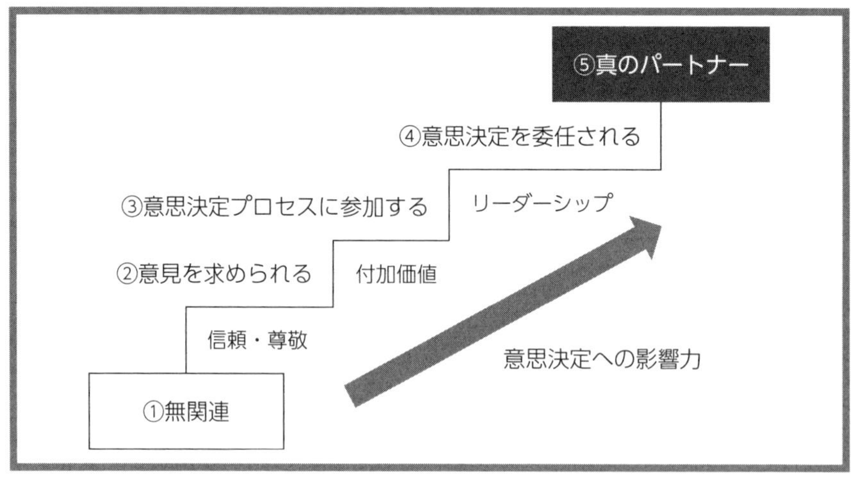

出所：筆者作成。

ここで問われるのは，事業部が行う経営意思決定に関して，FP&A組織のメンバーが経営意思決定プロセスにどの程度まで，どのように関わることができきるかである。本来，意思決定権限を持たない管理部門（いわゆるスタッフ部門）の一員であるFP&A組織のメンバーが，意思決定権限を有する事業部（いわゆるライン部門）の行う意思決定に与える影響力の大きさが問われている。注目していただきたいのが，真のビジネスパートナーに期待されるのは，意思決定の当事者として「意思決定を委任され，意思決定に対してリーダーシップを発揮する段階」にまで達することである。

今日，ビジネスパートナーという言葉は，人事部や法務部などでも使用されている。そこで期待されているのは，専門分野におけるスペシャリストとして「意思決定プロセスに参加する段階」に達することである。FP&A組織で期待される「真のビジネスパートナー」は，人事部や法務部などにおけるビジネスパートナーとは期待される段階が異なることに留意されたい。「真のビジネスパートナー」の役割が期待されることの背景に「マネジメント・コントロール・システムの設計者および運営者」というFP&A組織独自の役割があることを，次節において紹介する。

図表1－8とともに使用されたもう1つの研修用資料が**図表1－9**である。

図表1－9■真のビジネスパートナーのビジョン(2)

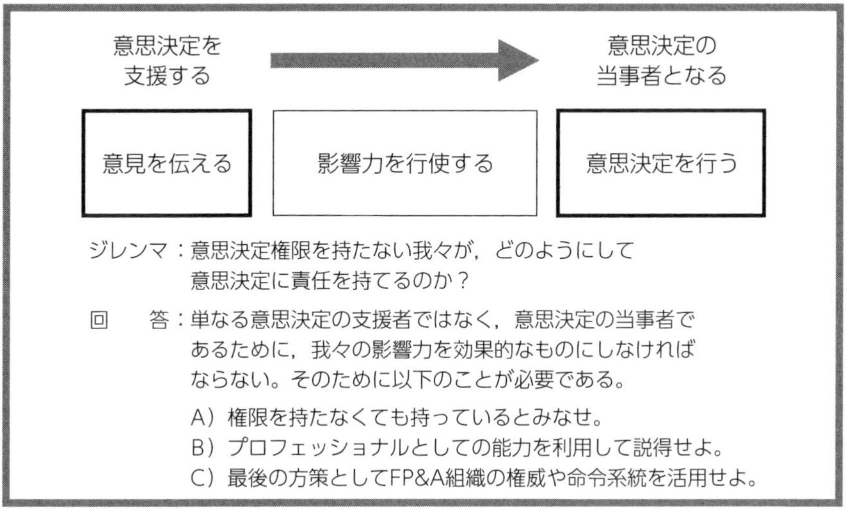

意思決定を支援する → 意思決定の当事者となる

意見を伝える	影響力を行使する	意思決定を行う

ジレンマ：意思決定権限を持たない我々が，どのようにして意思決定に責任を持てるのか？

回　　答：単なる意思決定の支援者ではなく，意思決定の当事者であるために，我々の影響力を効果的なものにしなければならない。そのために以下のことが必要である。

A）権限を持たなくても持っているとみなせ。
B）プロフェッショナルとしての能力を利用して説得せよ。
C）最後の方策としてFP&A組織の権威や命令系統を活用せよ。

出所：筆者作成。

「真のビジネスパートナーであるためには，ライン部門の意思決定において「意思決定の支援者」に留まるのではなく，「意思決定の当事者」になることを目指さなければならない」というメッセージを伝える。

最初に，FP&A組織の構成員が直面するジレンマとして，「ライン権限ではなくスタッフ権限しか持たないFP&A組織のメンバーがいかにして意思決定の当事者になることができるのか？」という疑問が提示されている。

疑問への答えとして，「意思決定に対する我々の影響力が，意思決定プロセスへの支援に留まらず，意思決定自体の当事者であると感じさせるほどの効果があるものでなければならない」としている。意思決定に対する影響力を高めるために以下の３つのアクションを実行することが提案されている。

第１に，スタッフ組織であるFP&A組織のメンバーはライン権限に基づく経営意思決定に関して権限を有していない。しかし，権限の有無にかかわらず，意思決定権限を有しているものとみなして，意思決定に関してパートナーとして責任を負うべきであると書かれている。これはビジネスパートナーであるための「マインドセット」を示している。

第２に，FP&A組織のメンバーが有する能力，ネットワークおよび洞察力を十二分に駆使して付加価値を提供することにより，影響力を高めよと書かれている。これはビジネスパートナーであるための「スキルセット」を示している。

第３に，上記の２つの方策だけではうまく機能しない場合は，FP&A組織が組織として有する権限もしくは指揮命令系統を利用して働きかけるべきであると記されている。これは，構成員レベルのマインドセットやスキルセットだけではなく，FP&A組織としてのビジネスパートナーであることに対する「組織としてのコミットメント」を示している。

組織のコミットメントとは，CFOから事業部レベルで働くFP&A組織のメンバーに対するメッセージである。「企業価値を上げるために全体最適を目指して行動せよ。事業部レベルの部分最適で妥協してはいけない。戦いなさい。私があなたを見守っている」という強いメッセージである。

今日のグローバル企業におけるCFOの重要な役割の１つに，FP&A組織を経理組織や財務組織と並ぶCFO組織の一部として確立することがある。そのために必要なのは，FP&A組織が真のビジネスパートナーであることにCFO

自身がコミットすることである。それはCFO組織のビジョンだけではなく，FP&A組織のメンバーへの日々の支援，および教育，業績評価，ローテーション・昇進などのキャリア作りの支援において，CFO自身がどのような役割を果たしているかにかかっている。

第３章では，グローバル企業のFP&A組織における「真のビジネスパートナー」になるためのチャレンジとその可能性を紹介する。

（2）　２つ目の役割：マネジメント・コントロール・システムの設計者および運営者

グローバル企業においてFP&A組織が果たすことを期待されている「真のビジネスパートナー」の段階は，人事部や法務部などの専門分野のスペシャリストが果たすことを期待されている段階とは異なることを前述した。この違いはどこから来るのであろうか？

米国の先進企業におけるコントローラー組織の誕生は，1920年代に遡る。デュポン（DuPont）やGM（General Motors）において事業部制組織が生まれた。事業部制を運営する仕組みとしてコントローラー制度が導入された。

アンソニー（Robert Anthony）は管理会計の創始者とも呼ばれる。ハーバード・ビジネススクールの教授を1956年から1982年まで務めた。1965年初版の書籍でマネジメント・コントロール・システム（MCS）の概念を世に広めた。MCSを「組織の所与の戦略の実行を目的として，管理者が他の組織構成員に影響力を行使するプロセス」と定義した。

MCSの概念を**図表１-10**にまとめている。経営管理における計画と統制の機能として，「中期経営計画」，「マネジメント・コントロール」，「オペレーショナル・コントロール」の３つのプロセスからなるフレームワークを提示した。実線の箱で囲まれたプロセスのみを「公式のMCS」と定義している（Anthony et al.（2007））。

アンソニーは，企業内において「MCSの設計および運営に責任を持つ者」がコントローラーであるとした。その業務内容は，①財務諸表を作成し，税務申告を行うこと，②月次報告において予実差異分析を行うこと，③情報システムと統制システムを設計し，運営することであると説明している。つまり，

図表1-10■アンソニーのMCSの概念図

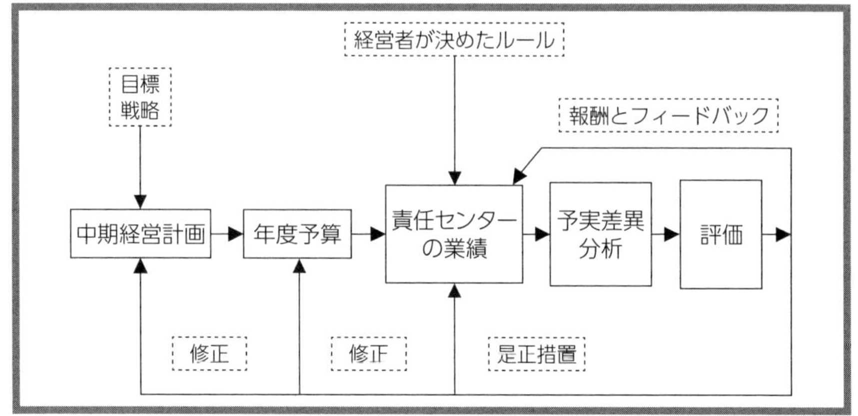

出所：Anthony et al.（2007）を基に筆者作成。

MCSの設計および運営に責任を持つコントローラーは，経理部長であった。

興味深いのは，コントローラーが果たす役割に関する説明である。

① 戦略を策定するのは経営者であり，コントローラーではない。コントローラーは支援する事業部のミッションや戦略の内容を知ることが必要だが，なぜそのミッションや戦略が選ばれたのかを知る必要は必ずしもない。

② コントローラーはスタッフ機能としてMCSの設計および運営に責任を負うが，経営意思決定やその実行はライン機能である経営者が行う。

アンソニーが説明するコントローラー組織の役割は，今日の日本企業における経理部の役割に近い。米国企業においても1960年代には，コントローラー組織の役割にビジネスパートナーとしての位置づけが含まれていなかったのである。

1960年代以降のコングロマリットの興隆によって，米国の先進企業におけるCFO組織において「真のビジネスパートナー」という役割の萌芽が生まれた。1960年代および1970年代の米国における代表的なコングロマリットが，ITT（International Telephone & Telegraph）である。第5章において，会計監査人からITTの経営者になったジェニーン（Harold Geneen）が，FP&Aプロフェッショナルの先駆者としてFP&A組織の原型であるコントローラー組織を生み出した経緯を紹介する。

1980年代および1990年代の代表的なコングロマリットが，GE（General Electric）である。GEの経営者であったウェルチ（Jack Welch）の自伝には，事業部コントローラーを管理者（警察官）から事業部長のビジネスパートナー（COO）に変貌させた経緯が描かれている。

米国管理会計士協会（IMA：Institute of Management Accountants）は管理会計プロフェッションの発展をミッションとする米国の職業人団体である。U.S. CMA（Certified Management Accountants）資格の認定を行い，継続教育などの分野で管理会計プロフェッショナルを支援している。

IMAは，会員名簿から300名の管理会計担当者をランダムに抽出して電話インタビューを実施した。季刊誌である『ストラテジック・ファイナンス』誌の1999年9月号に，米国企業における管理会計担当者の役割の変化に関する調査報告書を掲載した。管理会計担当者の役割の変化を，以下のとおり報告している（Siegel et al.（1999））。

① 1980年代における管理会計担当者の役割
- 「本社スタッフ」および「スコアキーパー（財務記録および組織の過去の歴史の保管者）」
- 事業部のライン業務からはアウトサイダー。意思決定プロセスへの参加者ではなく，意思決定者に対する支援スタッフ。事業部における意思決定に関して，事後的に知らされる。
- 管理会計担当者のオフィスは事業部に配置されず，事業部のライン担当者との対面によるコミュニケーションが限られる。

② 1999年における管理会計担当者の役割
- 「ビジネスパートナー」
- 意思決定チームにおける「対等のパートナー」として意思決定に積極的に介入する。
- 管理会計担当者のオフィスは事業部に配置され，ライン部門の担当者と日常的なコミュニケーションを行う。職能横断的なプロジェクトチームでリーダーシップを発揮する。

米国の一般企業におけるFP&A組織は，1990年代にコントローラー組織が本社におけるスコアキーパーから事業部におけるビジネスパートナーに変化したことで誕生した。コントローラー組織が経理部門とFP&A部門に分化したのである。米国の一般企業においてFP&A部門が経理部門から分化したことは，FP&Aプロフェッションが会計プロフェッションから分化して誕生したことも意味する。

米国の職業人団体であるAFP（The Association for Financial Professionals）は，FP&Aプロフェッションを支援する米国の職業人団体である。“Certified Corporate FP&Aプロフェッショナル（FPAC）”というFP&Aプロフェッションの資格認定を行っている。そのホームページ（URL：https://www.afponline.org/publications-data-tools/reports/guides）において，FP&A実務の手引書であるFP&Aガイドを30本ほど公開している。

『FP&Aガイド：会計プロフェッショナルからFP&Aプロフェッショナルへの移行』（Lapidus（2022）（石橋訳（2022）））において，FP&A組織の誕生を以下のとおり記述している。

> 「FP&A組織の起源は，経理部である。数十年にわたり多くの米国企業において，予算の作成，数字の報告，SECへの報告書提出に関して，しっかりした経理部門が存在すれば十分であった。近年において多くの米国企業が，予測作成およびモデル作成の業務を改善し，事業部とビジネスパートナーとして働くために，ファイナンス関連スキルを持ったプロフェッショナルが必要であることに気づいた。FP&A組織は経理部から独立した職能部門として短期間に立ち上がった。」

筆者がスタンフォード大学経営大学院で管理会計を学んだホングレン（Charles Horngren）は，「現代管理会計の先駆者」として知られる。MCSを「①計画とコントロールに関する意思決定を行い，②従業員を動機付け，③業績を評価するために，情報を収集・利用する技法の論理的な体系」と定義する。MCSの目的をアンソニーが定義した「組織の所与の戦略の実行」ではなく，「組織目的の実現」であるとする。

MCSの概念図を**図表１-11**にまとめている。**図表１-11**の上部にある「目標および業績指標を設定する」と名付けられた箱が出発点である。そこから左側の「計画を作成し，アクションをとる」と名付けられた箱へつながり，下部にある「進捗をモニタリングし，報告する」と名付けられた箱を経由して，右側の「業績を評価し，報酬を与える」と名付けられた箱に到達する。

図表１-11■MCSの概念図

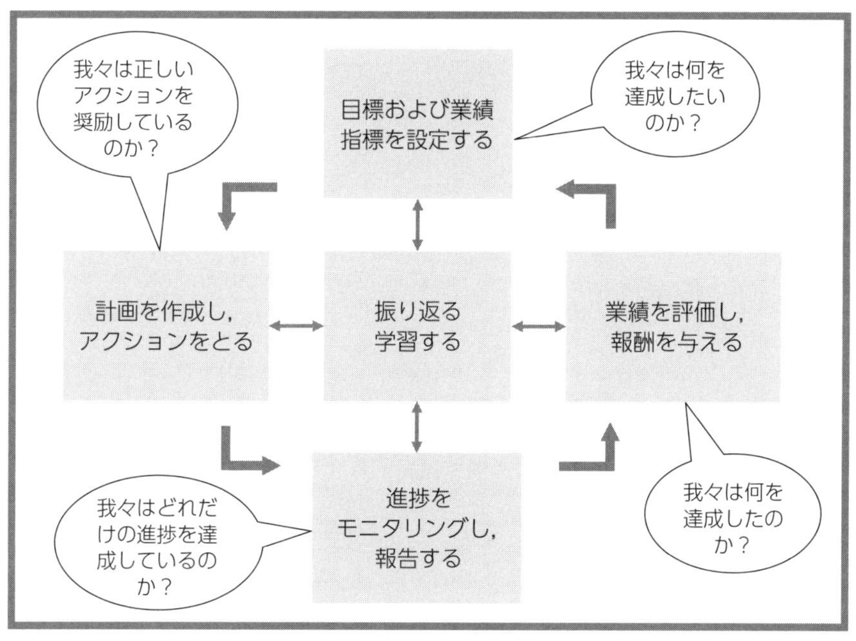

出所：Horngren（2002）を基に筆者作成。

４つの箱に示されているコメントにご注目いただきたい。４つのコメントそれぞれに，「我々」という主語が示されている。マネジメント・コントロール・システムは組織の構成員に対して働きかけるものであること，そして主語が「貴方たち」ではなく「我々」であることに事業部におけるFP&A組織のメンバーの「真のビジネスパートナー」としての当事者意識が示されている。**図表１-11**は，FP&A組織の２つの役割が互いに影響しあいながらともに進化を遂げたことを示している。

FP&Aプロフェッショナルとしてのキャリアを歩んだ筆者から，読者に以下のメッセージを送りたい。

- 「組織としてのFP&A」は，国や業界や組織によって異なる。
- 「プロフェッションとしてのFP&A」は，国や業界や組織を越えて共通である。
- 「プロフェッションとしてのFP&A」が，FP&Aの根幹にある。
  - FP&Aプロフェッショナルに必要なスキルセットは，「真のビジネスパートナー」および「マネジメント・コントロール・システムの設計者および運営者」としての役割を果たすために必要とされるスキルセットである。
  - FP&Aプロフェッショナルに必要なマインドセットは，「経営者（経営意思決定の当事者）」でありたいという熱い想いであり，実務経験や学習を基に「プロフェッショナルとして成長し続けたい（Growth Mindset）」という強い意志である。

「組織としてのFP&A」について，本章でFP&A組織の２つの役割を紹介した。グローバル企業のFP&A組織におけるFP&Aを第３章で，日本企業のFP&A組織におけるFP&Aを第４章で紹介する。

「プロフェッションとしてのFP&A」に関して，第５章で紹介する。

第２章は，FP&Aをプロセスの面から紹介する。

第2章

FP&Aプロセス

本章のねらい

- 米国管理会計士協会（IMA）の管理会計原則の１つである「優秀企業における効果的なFP&Aの12の原則」を基に，「FP&Aプロセス」を学ぶ。
- グローバル企業および日本企業の事例を基に，「経営管理プロセス」を学ぶ。
- グローバル企業（インテルとグーグル）の事例を基に，「マネジメント・コントロール・システム（MCS）」を学ぶ。
- グローバル企業（インテル）の事例を基に，「ドライバーと主要業績評価指標（KPIs：Key Performance Indicators）」を学ぶ。
- KPIの設計と運営について学ぶ。日本企業（ソニー）の事例を基に中期経営計画を活用して，経営管理プロセスとMCSの２つのPDCAサイクルを回している事例を紹介する。

米国管理会計士協会（IMA）は，U.S.CMA（Certified Management Accountants）資格の認定を行い，継続教育などの分野でFP&Aプロフェッショナルを支援している。ホームページ（URL：https://www.imanet.org/insights-and-trends/statements-on-management-accounting?ssopc=1）において，管理会計原則（SMA：Statements on Management Accounting）と呼ばれる管理会計のベスト

プラクティスに関する調査報告書を60本ほど公開している。

SMAの１つが，「優秀企業における効果的なFP&Aの12の原則（原題：Key Principles of Effective Financial Planning and Analysis）」である。2017年４月にIMAが実施した調査で得た700社強からの回答を基に作成された。本SMAにおいて，**図表２−１**の“FP&Aの12の原則”が提示された。

図表２−１■FP&Aの12の原則

１．基本原則：基盤を形作る５つの原則

- 原則１：中期経営計画を作成し，戦略実行のために必要なプロジェクトを明確にする
- 原則２：原則１のプロジェクトに必要な資源を明確にして，年度予算に反映させる
- 原則３：年度予算（および実行予算）がどのように財務上の目標の達成に貢献するかを理解し，これらの予算に対する進捗をモニターする
- 原則４：予算と実績（および予算と予測）の差異発生理由を，迅速にビジネスの面から明確にする
- 原則５：財務上の目標および業務（オペレーション）上の目標の達成に乖離が発生した場合，是正措置を講ずる

２．アカウンタビリティに関する原則：当事者意識を強化する文化を作る

- 原則６：全社レベルの財務上の目標および非財務上の目標を，より具体的な目標に変換して現場レベルの目標として設定する
- 原則７：マネジャーおよび従業員に財務上の目標の達成に責任を持たせ，財務上の目標と金銭的な報酬を結びつける
- 原則８：マネジャーおよび従業員に業務（オペレーション）上の目標の達成に責任を持たせ，業務（オペレーション）上の目標と金銭的な報酬を結びつける

３．FP&Aをさらに高い次元へ進める原則

- 原則９：事業の成功をもたらすドライバーを明確にし，これらのドライバーに関して主要業績評価指標（KPIs：Key Performance Indicators）を設定する
- 原則10：原則９の主要業績評価指標（KPIs）に関して，長期的および短期的な目標を設定する
- 原則11：原則10の主要業績評価指標に関する目標を達成するために，プロジェクトを立ち上げる
- 原則12：主要業績評価指標をモニターし，主要業績評価指標の目標と金銭的な報酬を結びつける

出所：Serven et al.（2019）。

本SMAの著者の１人であるセルベン（Lawrence Serven）は，2022年２月に

日本CFO協会のFP&A実務勉強会において，FP&Aの12の原則をテーマにした講演を行った。本章では本講演の講演録を基に，**図表２－１**のFP&Aの12の原則に沿って，グローバル企業と日本企業におけるFP&Aプロセスを紹介する。セルベンは，FP&Aの12の原則を以下のように論じた。

> 「効果的なFP&Aを駆動（Drive）する中核になるものを発見したいと考えた。経営に関する最新のトレンドや流行には興味がなかった。優秀企業において行われているFP&Aの柱となるものを理解したかった。それらは，変わらない，不変のものである。（中略）FP&Aの12の原則はすべて，最も成功している企業がどうやってFP&Aを実践しているかに関するものである。最も成功している企業は単に業績の結果を予測するだけでなく，業績目標の実現に向けて駆動（Drive）するために，FP&Aを使用している。」

1　経営管理プロセス

（1）　FP&Aの12の原則：５つの基本原則

原則１：中期経営計画を作成し，戦略実行のために必要なプロジェクトを明確にする

原則２：原則１のプロジェクトに必要な資源を明確にして，年度予算に反映させる

原則３：年度予算（および実行予算）がどのように財務上の目標の達成に貢献するかを理解し，これらの予算に対する進捗をモニターする

原則４：予算と実績（および予算と予測）の差異発生理由を，迅速にビジネスの面から明確にする

原則５：財務上の目標および業務（オペレーション）上の目標の達成に乖離が発生した場合，是正措置を講ずる

最初の５つの原則は，FP&Aプロセスの基盤を形作る。これは第１章の**図表**

1-4で述べた“経営管理プロセス”である。経営管理プロセスは，計画（Planning）プロセスと統制（Controlling）プロセスの２つから構成される。

図表1-4は，計画プロセスと統制プロセスがつながっている必要があることを示し，統制のプロセスがPDCA（Plan-Do-Check-Action）のサイクルとして回る必要があることを示している。経営管理プロセスのPDCAサイクルのAがアクション（Action）であることを留意されたい。

また，本章の筆者（石橋）は，**図表1-4**においてPDCAサイクルのC（Check）に当たる“予算差異分析”の箱の名前を“月次会議”に修正している。

第１の理由は，月次会議はトップが意図した戦略を実行するための例外管理のための診断的コントロールのプロセスだけではなく，現場から生まれる創発戦略をすくい上げて実行するための対話的コントロールのプロセスでもあるべきだからである。

第２の理由は，月次会議は過去の財務情報ではなく，経営意思決定に必要な予測情報を検討するプロセスであるべきだからである。第１章で紹介したホングレンは，**図表2-2**の意思決定モデルを提示している。経営意思決定モデルにインプットされるのは，将来に関する情報（＝予測）であって過去の財務情報ではない。

今日のグローバル企業における経営管理プロセスの中心にあるのは，予算差異分析ではなく，予測作成である。セルベンは講演において良質な予測の重要性を，以下のとおり説明した。

> 「最も成功している企業は単に業績の結果を予測するだけでなく，業績目標の実現に向けて駆動（Drive）するために，FP&Aを使用している。バイアスによる偏りのない客観的な予測は，現実的であることに対する非常に重要なチェックになる。良質な予測は早期警報システムとして機能する。良質な予測は目標を達成するために必要な軌道調整を行う時間を，実際に与えることができる。」

予測作成の中心に，ローリング予測がある。ローリング予測は向こう12カ月の売上高および利益を対象とした予測として行われることが一般的である。月

図表2－2■意思決定モデル

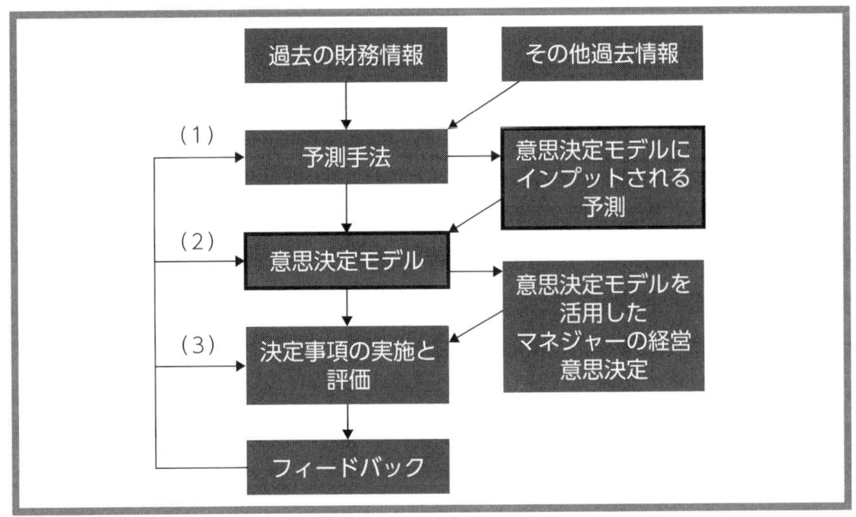

出所：Horngren（2002）を筆者一部改変。

ごとに作成され，月次会議において年度予算および前月作成のローリング予測と比較される。ローリング予測は，業績評価および報酬とは切り離して，年度予算の達成に向けた統制目的で使用される。組織構成員が当該年度の業績目標にのみ意識を集中させることを避け，外部環境の変化に対応して常に向こう12カ月を考えさせることを意図している。

ローリング予測を行うための重要な技法が，ドライバーに基づくモデリングである。AFPのFP&Aガイド“ドライバーに基づくモデリングとその実践”は，ドライバーに基づくモデリングの利点として，以下を列挙している。

①　予測精度を向上させること
②　データの整合性を確保できること
③　予測頻度を向上すること
④　意思決定のスピードを改善すること
⑤　事業部門に対する支援が向上すること
⑥　ドライバーに基づく計画作成の能力を強化すること
⑦　効率性を向上させること

⑧　組織構成員全員に同じ理解を持たせること
⑨　ローリング予測を作成できること
⑩　月次会議における対話の内容が変わること

ドライバーに基づくモデリングは，財務上の業績指標と非財務上（業務上）の業績指標の両方を使用する。ドライバーに基づくモデリングの技法が，近年のグローバル企業における経営管理プロセスの革新を牽引している。

AFPはドライバーに基づくモデリングによって新たに実施することが可能になった経営管理プロセスを，以下のFP&Aガイドで紹介している。日本CFO協会では，これらのFP&Aガイドをテーマに「FP&Aセミナー」を月次で開催している。

①　年度予算の編成サイクルを短縮する
②　シナリオプラニングを実践する
③　統合ビジネスプラニング（Integrated Business Planning）能力の構築
④　ゼロベース予算2.0（新時代のゼロベース予算）

なお，グローバル企業における経営管理プロセスの全体像については，拙著『経理・財務・経営企画部門のためのFP&A入門』を参照されたい。

近年のグローバル企業における経営管理プロセスの革新の背景には，新たなるFP&Aテクノロジーの出現がある。第４章ではFP&Aテクノロジーの活用による経営管理プロセスの革新への取り組みを紹介する。

（2）　日本企業独自の経営管理プロセス：中期経営計画の問題点

日本企業における経営管理プロセスの独自性を考える際に避けて通れないのが，第１章で紹介した**図表1-4**における“中期経営計画”の位置づけである。

グローバル企業において，中期経営計画は経営成績に関する単なる予測である。年度予算の前提であり，それ自体は目標ではない。毎年，年度予算編成プロセスの前工程として作成される。中期経営計画は組織内部において業績目標ではないので，モニタリング，評価は行われず，報酬とも結びついていない。グローバル企業において，中期経営計画を組織外部に経営者のコミットメントとして公表することはあり得ない。

一方，日本企業において，中期経営計画の位置づけはまったく異なる。中期経営計画は向こう３年間を対象期間とする固定された業績目標として作成される。上場している日本企業の多くが，中期経営計画を公表する。中期経営計画の更新のタイミングで社長が交代する慣行が存在する。公表された中期経営計画は，社長にとって「在任期間における最も重要な業績目標」になるのである。

日本企業において中期経営計画に直接関わるのは，本社レベルでは経営企画部である。経営企画部にとり，中期経営計画は最重要の成果物である。事業部レベルで中期経営計画に関わるのは，事業部長とそのスタッフである事業企画部である。本社経営企画部と事業部（もしくは海外子会社を含む子会社）の事業企画部のスタッフの間に，レポーティング・ラインは存在しない。他方，経理部・財務部は中期経営計画に直接には関与していない。

TOPIX500（金融除く）企業が2008年１月から2014年３月までの期間に行った中期経営計画に関する開示を対象に行われた実証研究を紹介する（淺田他(2016) pp.67-78)。

2014年５月末のTOPIX500（金融除く）の440社の中で中期経営計画を開示した企業は249社であった。開示比率は56.6%である。中期経営計画の標準的な対象期間である３期先で見ると，売上高，営業利益，経常利益の達成銘柄比率が19.0%，18.2%，17.8%であり，３項目ともに２割を下回っている。

公表された中期経営計画の達成比率の低さには驚くべきものがある。特に，営業利益と経常利益の達成比率が売上高の達成比率を下回っていることは注目に値する。売上高目標に比較して，利益目標は固定費や変動費率を下げることにより，目標達成に向けてコントロール（統制）を行うことが可能である。利益目標の達成比率が売上高目標の達成比率を下回っていることは，目標達成に向けた実質的な努力が行われていないことを示唆している。

FP&Aの12の原則の最初の５つの原則は，経営管理プロセスにあって計画プロセスと統制プロセスがつながっていることを求めている。すなわち，経営管理プロセスをPDCA（Plan-Do-Check-Action）のサイクルとして回すことを求めている。しかし，日本企業独自の中期経営計画は，経営管理プロセスとして機能していないのである。

エクセル経営でワークマンの快進撃を率いる土屋哲雄専務は，三井物産の本社経営企画室で勤務された経験を持つ。WWDJAPANにおける林芳樹氏とのインタビューにおいて，次のように述べている。

> 「私が一番言いたかったのは，管理職や経営者は真面目すぎて会社をダメにしているということ。達成もできない中期経営計画を策定して，よせばいいのにそれを部署や社員にブレークダウンしてプレッシャーをかける。すると，優秀な社員ほど早くあきらめる。達成できるはずがないと分かるので，やっている振りをする。3年も経てば社長が替わってリセットされるので，それまで何とかやり過ごす。そんな空気が日本の企業には蔓延しています。かくいう私も商社時代は経営企画室で中計を立案する側にいたこともあります。偉そうなことはいえません。この本に書いた『しない経営』は私の過去の反省に基づいたものなのです。」（WWDJAPAN・林(2020/12/29)）

日本企業における経営管理組織は，3つの機能不全を抱え込んでいる。最初の2つは，第1章で述べた経理部と本社経営企画部それぞれの経営管理組織としての機能不全である。そして3つ目は，中期経営計画，つまり経営管理プロセスの機能不全である。

2 マネジメント・コントロール・システム

(1) FP&Aの12の原則：アカウンタビリティの3つの原則

原則6：全社レベルの財務上の目標および非財務上の目標を，より具体的な目標に変換して現場レベルの目標として設定する
原則7：マネジャーおよび従業員に財務上の目標の達成に責任を持たせ，財務上の目標と金銭的な報酬を結びつける
原則8：マネジャーおよび従業員に業務（オペレーション）上の目標の達

成に責任を持たせ，業務（オペレーション）上の目標と金銭的な報酬を結びつける

12の原則の最初の５つの原則が“経営管理プロセス”であるのに対し，この３つの原則は“マネジメント・コントロール・システム”を示している。第１章の**図表１－４**で紹介した経営管理プロセスにおいて，PDCAサイクルのAはアクション（Action）のAであったのに対し，第１章の**図表１－11**で紹介したマネジメント・コントロール・システム（MCS）において，PDCAサイクルのAは評価・報酬・感謝（Assessment/Award/Appreciation）のAであることに注目されたい。

原則６から原則８は，マネジメント・コントロール・システム（MCS）として組織構成員の当事者意識を強化する。同時にそれは，組織として継続的に結果を出すための仕組み作りの原則でもある。企業戦略を実行するために本社レベルで設定した目標を，事業戦略を実行するために事業部レベルの目標に変換する。事業部レベルの目標には，財務上の目標と業務（オペレーション）上の目標の２種類の目標が設定される。セルベンは講演において，原則６の意図を以下のように説明した。

「最良の業績を生み出す企業は，財務上の計画作成と業務上の計画作成を完全に統合している。最良の業績を生み出す企業は，財務上の成果は実際には業務上の成功の結果なのであって，その逆ではないことを知っているからである。したがって，組織構成員にアカウンタビリティ（結果責任）を負わせるという点では，財務上の成果と同じように，業務上の結果に焦点を当てる。」

原則７と原則８は，事業部レベルの管理者に２種類の目標を設定した上で，これらの目標を金銭的な報酬に結びつけることを求めている。報酬には金銭的な報酬だけでなく，非金銭的な報酬（昇進・昇格・異動など）も含まれる。

セルベンは講演において，FP&A組織が「業績に応じて報酬を支払う（Pay

for Performance)」ための仕組みを設計・運営するだけでなく，社内における「当事者意識の文化（Culture of Accountability)」の確立に貢献すべきであると主張した。当事者意識の文化を，誰が昇進し，社内で誰がどのような理由で高く評価され，社員がどのような速度で昇進するのかに影響を与えるものであると定義し，FP&A組織は当事者意識の文化を確立するために，経営幹部と人事部の支援を受ける必要があると主張した。

セルベンの主張は，第５章で紹介する米国管理会計士協会（IMA）が作成した管理会計原則の１つである“管理会計担当者のコンピテンシーフレームワーク”と同期している。FP&Aプロフェッショナルに求められる能力として，以下の２つが併記されている。

- 組織構成員の行動を組織の戦略に合致させるために，業績に基づいた報酬およびインセンティブ・システムを開発する。
- 明確なビジョンと共有されるべき価値を伝えることによって，業績を重視する文化を創造する。

（2） グローバル企業のマネジメント・コントロール・システム

マネジメント・コントロール・システム（MCS）が経営管理プロセスをどのように駆動（Drive）するかを，筆者がインテルで経験した事例を基に紹介する。

インテルでは目標設定は年度単位で行われていた。中期経営計画は年度予算編成プロセスの一部として，毎年，更新されていた。中期経営計画を前年度の前半に作成し，年度予算を前年度の後半に作成した。業績賞与は年度予算で決められた目標の達成状況で決まった。年度予算目標を達成するために３カ月周期で６カ月単位の実行予算を作成した。実行予算は“統制（コントロール）のプロセス”であり，業績評価や報酬とは切り離されていた。

筆者がインテル日本法人のCFOとして作成した中期経営計画の目次が**図表2-3**である。組織の業績目標設定に対応して，従業員への業績賞与に関する年度業績目標が設定された。年度予算に対応しているのが，個人ごとの年度目標である。個人ごとの業績賞与は年度目標の達成状況で決まった。四半期ごとに目標を作成し，毎月進捗度をフォローアップした。四半期ごとの目標は個人業績のコントロールを目的とし，業績賞与とは切り離されていた。

つまり，インテルでは組織業績と個人業績のそれぞれの目標の達成を目的とした２つのサイクルが並列で回っていた。それぞれのサイクルは連動して，期首に目標設定，期中には月次で目標達成状況のモニタリングを行っていた。

図表２−３■インテルの事例：中期経営計画

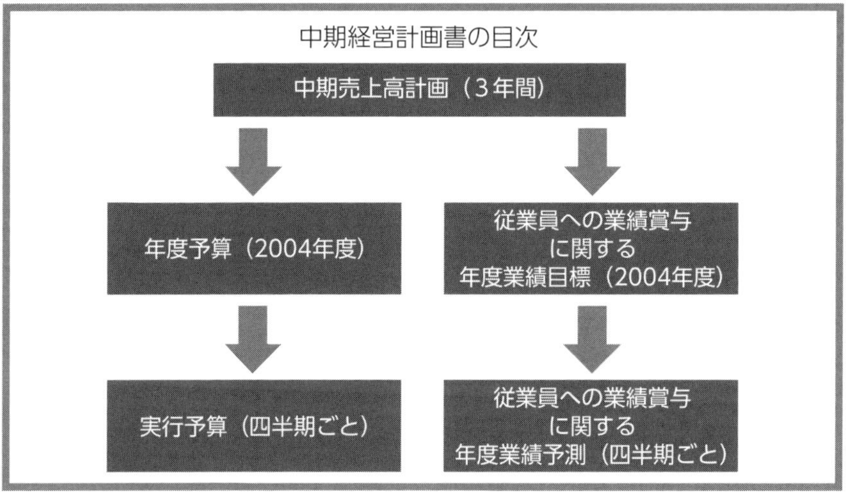

出所：筆者作成。

筆者がインテル日本法人のFP&Aマネジャーとして作成した年度予算書の目次が**図表２−４**である。目次の最初に示されたのは年度予算ではなかった。最初に示されたのは，「従業員への業績賞与に関する業績目標」であった。年度予算は２番目の項目であった。組織の業績目標を決める年度予算を記載した予算書の最初に業績賞与に関する業績目標が示されることは，FP&A組織のマネジメント・コントロール・システムに対する取り組みを象徴している。すなわち，個人と組織の目標を整合させるということである。

当時のCFO組織の業績目標が，**図表２−５**である。５つの目標のうち３つはCFO組織自身が単独で達成できる目標ではなく，事業部において「真のビジネスパートナー」として達成する指標であることに注目していただきたい。３つ目の目標は事業部における経費削減目標であるが，カウントされるのはCFO組織主導の経費削減に限定されている。事業部の経営意思決定への影響力に関

図表2-4■インテルの事例：年度予算

年度予算書の目次

Ⅰ．概　　要

1．従業員への業績賞与に関する業績目標　：P. 1～P.13

2．年度予算　：P.14～P.31

1）　売上高（Revenue）予算

2）　CPUのTAM/SOM

3）　経費（Expense）予算

4）　人員数（Headcount）予算

5）　設備投資（Capital）予算

Ⅱ．詳　　細

出所：筆者作成。

図表2-5■インテルの事例：CFO組織の目標設定

目　　標 (Objectives)	主要な成果 (Key Results)				
	点数	達成度 0％	達成度 50%	達成度 100%	達成度 125%
1．ペンティアムプロセッサの前年度実績に対する原価削減率	10点				
2．トレジャリー部門が稼いだ超過の金融利益額	10点				
3．CFO組織主導による全社における経費削減額	10点				
4．製品事業部ごとの在庫コントロールに関する目標達成率	10点				
5．CFO組織としての教育・採用・業績管理に関する目標達成率	10点				

出所：筆者作成。

するFP&A組織の当事者意識の高さが表れている。

（3）　MCSの４つの輪：インテルの事例

続けて，マネジメント・コントロール・システムがどのように機能するかを，“MCSの４つの輪”のフレームワークに沿ってインテルの事例を紹介する。４

つの輪は，「目標設定」，「継続的な対話」，「年次業績評価」，および「報酬」から構成される。

①　目標設定

実質的なインテルの創業者であるグローブ（Andy Grove）は，OKRs（Objectives and Key Results）と呼ばれる社員の目標管理手法を創始した。グローブは，以下のように説明している（Grove（1983）（小林訳（2017）p.177））。

> 「OKRsの背後にある考えはきわめて簡単なものである。つまり目的地を知らずして，そこへ行き着くことはできないということ。次の２つの質問に答えさえすればよい。一つ目が，私はどこへ行きたいか？（その答えが『目標（Objectives)』になる）である。二つ目が，そこへ到達するためには自分のペースをどう決めるか？（その答えがマイルストーン，すなわち『主要な成果（Key Results)』になる）である。『主要な成果』は，測定可能なものでなければならない。期末にそれを見て，達成できたかできなかったか，イエスかノーか，議論の余地なく判断できなければならない。単純な話だ。そこには主観は一切挟まれない。」

②　継続的な対話（ワン・オン・ワン）

インテルでは，個人目標の設定と進捗管理は，“ワン・オン・ワン”と呼ばれるマネジャーと社員の１対１による継続的な対話によって行われた。

筆者がインテルで勤務していた当時，自分のマネジャーと週１回の個人面談を持ち，MBOsに関して何か問題があれば逐次，報告した。月１回の月次報告ではMBOs全体の進捗状況を報告した。また，四半期ごとに自分のMBOの内容を更新していた。

③　年次業績評価

インテルでは，期首に社員が個人業績の目標設定を行い，期中にマネジャーとの継続的な対話を行い，期末に年次業績評価を行って，それを基にボーナスや昇給，昇進などの報酬を決めている。年次業績評価のプロセスは，社員各自が期首に設定した主要な成果の結果を報告することから始まる。まず，社員が自己評価書を作成する。次に，マネジャーと社員の間で自己評価書を検討するための期末面談が行われる。

マネジャーは自己評価書と期末面談の内容を基に**図表２-６**の年次業績評価を作成する。マネジャーはランキング・アンド・レーティングと呼ばれる社員の査定会議に出席する。査定会議において，直属の社員を他部門の同じ職位の社員と徹底的に比較する。マネジャーに期待されているのは，社員の業績および評価の報告を事実に基づいて行うことである。

ランキングでは通常，比較対象のグループを３つに分けて，上位と中位と下位の３つに分類する。レーティングではランキングを基に「非常に良い」，「良い」，「要改善」のいずれかの評価を付ける。

図表２-６■インテルの事例：年次業績評価

主要な成果 (Key Results)	結果	評点	自己評価
「8086」ファミリーの性能の優位性を示すベンチマークを５つ開発し，公表する。	60%	0.6	評点は結果のみで決まる。 事後の振り返りを行うが，自己評価は評点には反映されない。
「8086」の全製品をリリースし直す。	100%	1.0	評点は結果のみで決まる。 事後の振り返りを行うが，自己評価は評点には反映されない。
8MHz版の製造を開始する。	0%	0	評点は結果のみで決まる。 事後の振り返りを行うが，自己評価は評点には反映されない。
演算コプロセッサのサンプルを遅くとも，６月15日までに製作する。	90%	0.9	評点は結果のみで決まる。 事後の振り返りを行うが，自己評価は評点には反映されない。

出所：Doerr（2018）（土方訳（2018））を筆者改変。

④　報　　酬

インテルにおける基本給は，等級（グレード）によってレンジが決められる。昇進とは基本給のレンジを決める等級（グレード）が上がることである。査定会議で「非常に良い」，「良い」，「要改善」の評価のうち，「非常に良い」の評価を得た社員が昇進の候補者になる。「要改善」の評価を２年続けて受けると，業績改善への計画を準備することが必要になる。

毎年４月に実施される定期昇給については，毎年，本社から昇給の指針が出る。たとえば，会社全体の昇給が４％とすると，「非常に良い」は４％の２倍で８％，「良い」は４％の半分で２％，そして「要改善」は昇給ゼロになる。

インテルでは「目標設定」と「継続的な対話」，「年次業績評価」，「報酬」の４つの輪が，**図表２−７**のように，同心円が密接に重なり合って機能していた。

図表２−７■インテルにおけるMCSの４つの輪

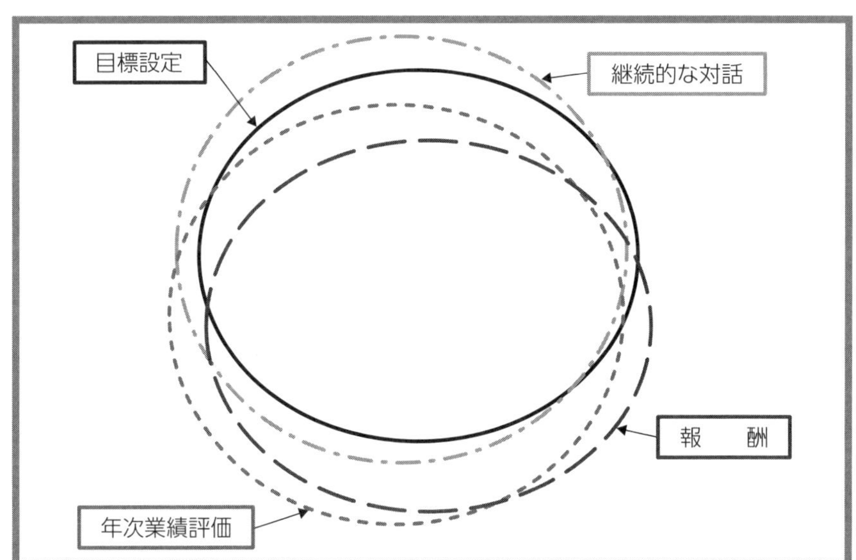

出所：Doerr（2018）（土方訳（2018））を筆者改変。

（４）　脱予算経営が提起した問題

『脱予算経営』（Hope他（2003）（清水監訳（2005）pp.5-18））は，年度予算を廃止して，変化適応型で分権化した経営管理プロセスを導入することを主張する。年度予算には以下の３つの問題があると指摘する。

①　時間とコストを浪費する。

②　外部環境の変化に俊敏に適応することを難しくする。

③　社員による逆機能的な行動（たとえば，年次業績評価で良い評価を受けるために，年初の目標設定において売上高目標を低めに設定する）を引き起こす。

脱予算経営（Beyond Budgeting）の主張は，経営管理を担当する実務家の間で大きな共感を得た。しかし，年度予算を廃止したグローバル企業は非常に少ない。グローバル企業は年度予算の３つの問題に，どのように対処しているのだろうか？

年度予算の①と②の問題は，経営管理プロセスの問題として捉えられている。時間とコストの浪費を最小限に抑え，外部環境の変化に俊敏に適応するために，前節で紹介したローリング予測とドライバーに基づくモデリングの活用が進んでいる。

年度予算の③の問題は，マネジメント・コントロール・システム（MCS）の問題として捉えられている。社員による逆機能的な行動を引き起こす問題の背景には，年度予算目標が企業と社員の間の「固定業績契約」として使われていることがある。インテルにおける“MCSの４つの輪”は，同心円のように密接に重なっており，固定業績契約の問題を抱えていた。

年度予算を固定業績契約として使うことが引き起こすMCSの問題に対処するために，インテルの“MCSの４つの輪”を進化させたグーグルの事例を紹介する。

（5）　MCSの４つの輪：グーグルの事例

ドーア（John Doerr）は，インテルにおいてグローブの下で働いた経験を持つベンチャー・キャピタリストである。創立直後のグーグルはドーアの提案を受けて，1999年にインテルのOKRsを導入した。2000年代に巨大企業へと急成長する過程において，グーグルはOKRsを独自に進化させた（Doerr（2018））。

第１に，目標設定における目標をあえて２つのカテゴリー，すなわち「コミットする目標」と「野心的目標」に分けた。「コミットする目標」は，100%達成しなければならない目標である。インテルにおいては，すべての目標がコミットする目標であった。一方，「野心的目標」は壮大なビジョン，未来志向の発想を反映する，平均４割が失敗に終わる目標である。２つの目標を組み合わせることに，イノベーションを重視するグーグルの企業文化が反映されている。

第２に，社員とマネジャーによる「継続的な対話」において，「職務に対する業績」だけではなく，「他部署との関係」，「マネジメントとリーダーシップ」，「イノベーション」の４つのテーマに関して真摯で深みのある対話を行うことを求めた（Schmidt et al.（2019）（櫻井訳（2019）p.89））。

第３に，年次業績評価において結果だけでなくプロセスを勘案し，社員（Contributor）の自己評価を反映するように，年次業績評価のプロセスを**図表２-８**のとおりに変更した。

図表２-８■グーグルの事例：年次業績評価

主要な成果 (Key Results)	結果	自己評価	評点
新規顧客を10件獲得	70%	市場が低迷したため，主要な成果を達成するのは，事前に想定したよりもはるかに困難だった。新規顧客を７件獲得できたのは，大変な努力が実を結んだ結果である。	0.9
新規顧客を10件獲得	100%	四半期が始まってわずか８週間で目標を達成してしまったので，目標が低すぎたことに気づいた。	0.7
新規顧客を10件獲得	80%	８件の新規顧客を獲得できたのは，努力の結果というより幸運に恵まれたためだ。１件の顧客が５件の仲間を紹介してくれた。	0.6
新規顧客を10件獲得	90%	新規顧客を９件獲得できたが，そのうち７件はわずかな売上しか生まないことがわかった。	0.5

出所：Doerr（2018）（土方訳（2018））を筆者改変。

最後に，「目標設定」と「継続的な対話」，「年次業績評価」，「報酬」を実施するタイミングに時間差を置くように変更した。インテルでは同心円のように重なっていた４つの輪を，**図表２-９**のように引き離すことによって，固定業績契約の問題を回避することを試みた。その一方で，設定される目標にはコミットする目標が含まれているので，４つの輪は一部でつながっている。

つまり，コミットする目標で短期的な目標を達成するとともに，固定業績契約の問題を，野心的目標の導入や包括的な継続的対話の実施，年次業績評価において自己評価を考慮し，MCSの４つの輪の実施のタイミングに時間差を置くことによって対応しようとしている。グーグルの企業文化が４つの輪の関係性に反映されていることに注目されたい。

図表２-９■グーグルにおけるMCSの４つの輪

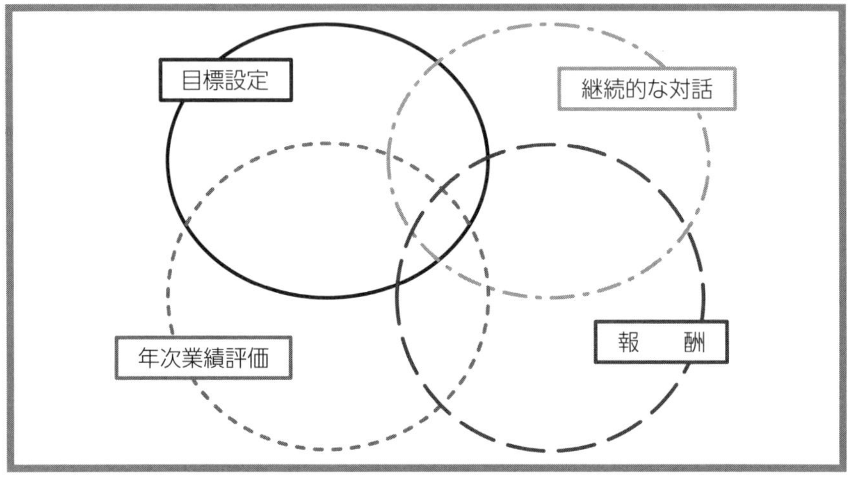

出所：Doerr（2018）（土方訳（2018））を筆者改変。

3 ドライバーと主要業績評価指標

（1） FP&Aの12の原則：FP&Aプロセスをさらに高い次元に進める４つの原則

原則９：事業の成功をもたらすドライバーを明確にし，これらのドライバーに関して主要業績評価指標（KPIs：Key Performance Indicators）を設定する

原則10：原則９の主要業績評価指標（KPIs）に関して，長期的および短期的な目標を設定する

原則11：原則10の主要業績評価指標に関する目標を達成するために，プロジェクトを立ち上げる
原則12：主要業績評価指標をモニターし，主要業績評価指標の目標と金銭的な報酬を結びつける

12の原則の原則９から原則12は，FP&Aが事業の成功をもたらすドライバーを見つけ出し，ドライバーにKPIs（主要業績評価指標）を設定して，KPIsの目標を報酬に結びつけることを求めている。プロジェクトのレベルでドライバーを見つけ出し，KPIsのモニタリングを行うことが求められる。

ドライバーは，インプットとしての変数（アクション，プロセス，その他の要素）であり，組織目標，業務上の目標，財務上の目標に影響を与えるものと定義される。企業は，その活動において特定し，測定し，影響を与えることができるドライバーを選ぶべきである。主要なドライバーとは，自社の事業の成果を決定づける少数のドライバーである。

(2)　ドライバーとKPIs：インテルの事例

最後の４つの原則に関して，筆者がインテル米国本社で経験したFP&Aプロセスを紹介する。2001年にインテル米国本社に赴任し，製品事業部において事業部コントローラーに就任した。研究開発費予算の統制プロセスとして四半期ごとに実施していたのが，実行予算とゼロベース予算の組み合わせである。

米国本社赴任直後にITバブルが崩壊した。インテルの業績が著しく悪化したために，研究開発費の総額を大きく削減せざるを得ない状況に陥った。すべての新製品開発プロジェクトの優先順位を実行予算プロセスにおいて見直し，ゼロベース予算の手法で優先順位の低いプロジェクトを中止することが，事業部コントローラーの役割であった。

図表２-10は，2001年３月に実行予算を作成した際に使用した実行予算兼ゼロベース予算のテンプレートである。2001年３月末に作成されたので，第１四半期に実績値が入っており，第２四半期と第３四半期に最新の予測である実行予算が入っている。

図表２-10■インテルの事例：実行予算とゼロベース予算

		エンジニア人員数				研究開発費（千米ドル）				
プロジェクト	優先順位	2001年 3月末 実績	2001年 6月末 実行予算	2001年 9月末 実行予算	2001年 12月末 予測	第1 四半期 実績	第2 四半期 実行予算	第3 四半期 実行予算	第4 四半期 予測	2001 年度 予測
年度予算目標										
ZBB Lineより上のプロジェクト										
Project A	1									
Project B	2									
Project C	3									
Project D	4									
Project E	5									
Project F	6									
Project G	7									
ZBB LINEより上の小計										
年度予算目標との差異										
ZBB Lineより下のプロジェクト										
Project H	8									
Project I	9									
Project J	10									
小計										
合計										

出所：筆者作成。

図表２-10の目的は研究開発費の統制（コントロール）なので，エンジニア人員数と研究開発費が左右に示されている。研究開発費の多くをエンジニアの人件費が占めるので，研究開発費の大小を決めるドライバーとしてエンジニア人員数が先に示され，研究開発費が後に示されている。

研究開発費のコントロールのドライバーとして，人員数が検討対象になることにご注目いただきたい。インテルだけでなく，多くのグローバル企業において，人員数管理は予算管理プロセスの中核になっている。

図表２-10の上から下に並べられているのが，研究開発費が投入される新製品開発プロジェクトである。新製品開発プロジェクトが優先順位の順番で並べ

られている。下段には，ZBB（Zero Base Budget）ラインより下にプロジェクトを表示する欄があり，すでに資源投入を中止したプロジェクトが示されている。事業部コントローラーとしてのミッションは，優先順位の高いプロジェクトに限られた資源を優先的に配分し，優先順位の低いプロジェクトの存続を事業部長と決めることにあった。

実行予算とゼロベース予算の組み合わせは，年度予算で予定している研究開発費の資源配分を四半期ごとに見直して最適化するプロセスであった。米国本社の事業部コントローラーとして学んだことは，この四半期ごとの研究開発資源再配分プロセスが本社レベルと事業部レベルの両方で並行して回っていることだった。

実行予算とゼロベース予算を研究開発費予算の統制プロセスとして四半期ごとに実施していたのに対し，月次の統制プロセスとして実施していたのが月次決算とバランスト・スコアカードであった。**図表2-10**の新製品開発プロジェクトの優先順位の7番目に表示されているプロジェクトGのバランスト・スコアカードが，**図表2-11**である。財務的な業績評価指標である「財務上の目標」だけでなく，非財務的な業績評価指標である「顧客の目標」，「品質の目標」，「目標とするスケジュール」，「製品性能の目標」が示されている。毎月，それぞれの業績評価指標の目標と予測を比較して是正措置を講じた。

「財務上の目標」の下から2番目に見える正味現在価値（NPV）に関して，**図表2-12**のモンテカルロ・シミュレーション分析を毎月実施した。まず，月次のプロセスにおいてプロジェクトの進捗をモニタリングし，四半期ごとに行われる実行予算の編成プロセスにおいて，優先順位が低いプロジェクトの中止を検討した。「本プロジェクトを中止にします」という意思決定の検討は，当該プロジェクトのエンジニアのチーム・リーダーと事業部コントローラーである筆者が共同で行った。

企業財務の理論は，正味現在価値が負の値である投資プロジェクトは却下すべきであるとする。FP&Aプロフェッショナルの実務においては，投資プロジェクトの正味現在価値が負になったことのみを理由に，進行中の投資プロジェクトを中止することは難しい。なぜなら，正味現在価値の値は，将来における予測キャッシュ・フローに基づいており，正味現在価値の値には幅がある。

図表2-11■インテルの事例：バランスト・スコアカード

財務上の目標（Financial Goals）	目標	現時点の予想
材料コスト（米ドル）	$9	$10
平均製品売価（米ドル）	$15	$15
粗利益率（%）	40%	18%
2001年度売上高（百万米ドル）	$50M	$14M
2001年度出荷個数（百万個）	2M	0.5M
損益分岐点売上高達成時期	2001年第4四半期	2003年第2四半期
正味現在価値（百万米ドル）	$41M	$9M
設備投資額（百万米ドル）	$6M	$5M

顧客の目標（Market Goals）	目標	現時点の予想
デザインウィンの件数	35	0
デザインロスの件数	0	11

品質の目標（Quality Goals）	目標	現時点の予想
緊急の対応が必要なソフトウェアのバグの数	0	11
OEM顧客の品質基準達成率（%）	100%	78%
品質ゲート数	2	2

目標とするスケジュール（Target Schedule）	目標	現時点の予想
CSRからの初出荷	2001年第37週	2001年第39週
SMTDからの初出荷	2001年第45週	2001年第46週
エンジニアリングサンプル第1版完成	2001年第51週	2001年第52週
エンジニアリングサンプル第2版完成	NA	2002年第06週
Design Validation完了	2002年第03週	2002年第06週
PDC制作開始	2002年第10週	2002年第13週
ソフトウェア完成	2002年第11週	2002年第13週
OEM顧客用サンプル完成	2002年第13週	2002年第15週
通信関係規格等の承認完了	2002年第13週	2002年第16週
製品仕様の最終確認	2002年第19週	2002年第22週
顧客への初出荷	2002年第19週	2002年第24週

製品性能の目標（Performance Goals）	目標	現時点の予想
データレート	450	480

出所：筆者作成。

投資プロジェクトごとにバランスト・スコアカードを作成することで，財務的な業績評価指標のみではなく，非財務的な業績評価指標も検討し，投資プロジェクトの中止の検討をより戦略的な視点で行うことが可能になった。

3カ月ごとに行われる実行予算の編成プロセスにおいて，バランスト・スコアカードの結果を基に優先順位が低いプロジェクトの中止を決めた。研究開発費が削減される中で優先順位の低いプロジェクトを中止することで，新しいマイクロプロセッサを開発するという優先順位の高いプロジェクトへの資源配分を増加させることができた。

(3) KPIsの設計と運営

FP&AプロセスにおけるKPIs（主要業績評価指標）の設計と運営に関して，

図表２-12■インテルの事例：モンテカルロ・シミュレーション

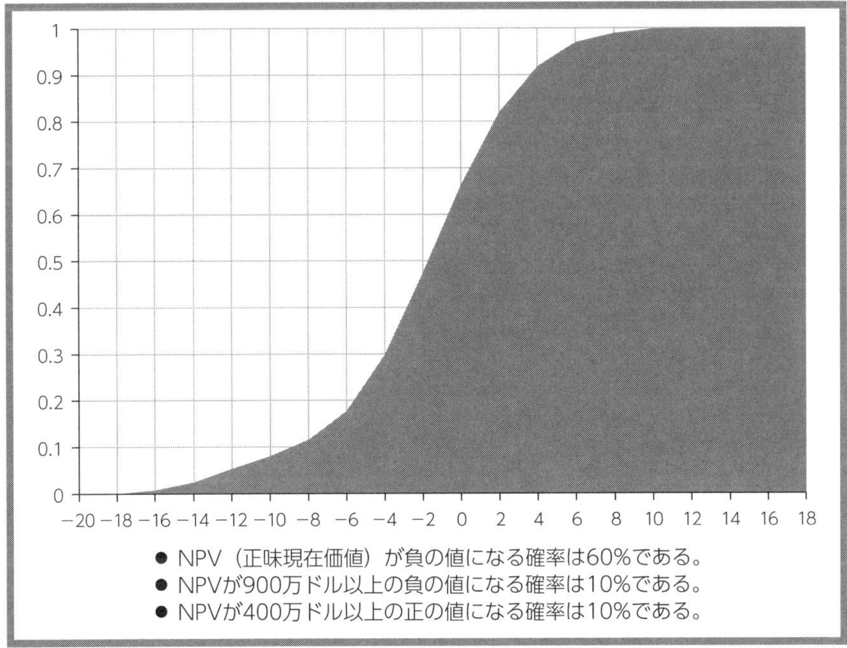

出所：筆者作成。

責任センターと２種類の業績評価指標を紹介する。また，日本企業独自の中期経営計画がもつ可能性に関して筆者の提言を示す。

①　責任センターと２種類の業績評価指標

アンソニーのMCSの概念図（**図表１-10**）を見ると，「責任センターの業績」という箱が中央にあることに気づく。アンソニーは，責任センターを“当該組織の活動に責任を有する管理者によって率いられている組織単位”と定義する。責任センターという概念には組織単位と管理者の２つが含まれているが，その主体は管理者である。

アンソニーは，責任センターの業績の指標として，「事業の業績評価指標(Economic Performance Measures of Entities)」と「管理者の業績評価指標(Management Performance Measures of Managers)」の２つがあるとする。「管理者の業績評価指標」は先行指標として，遅行指標である「事業の業績評価指標」を駆動すると考えている。

「管理者の業績評価指標」は，管理者の経営意思決定と行動が影響する指標である。「管理者の業績評価指標」には，管理者が管理不能な指標を含めてはならない。管理可能性基準として，経営意思決定に関する最終的な決定権限の有無や経営意思決定に関する影響可能性が考慮される。

アンソニーのMCSの概念図は，事業の成功をもたらすドライバーとKPIsの設定において，経営管理プロセスに必要な「事業の業績評価指標」だけではなく，経営管理プロセスを駆動するMCSに必要な「管理者の業績評価指標」を対象にすべきであることを示唆している。

すなわち，MCSの設計および運営に関してFP&Aプロフェッショナルに求められるのは，「事業の業績評価指標」と「管理者の業績評価指標」の２つを峻別し，目的に応じて使い分けることである。このことを前提としたKPIsの設計に関するFP&Aプロセスを３点示す。

① 「管理会計P/L」を設計する。管理会計P/Lを責任センター単位で作成し，「事業の業績評価指標」と「管理者の業績評価指標」のそれぞれに目標と実績・予測を表示する。

② 財務指標と非財務指標を組み合わせたバランスト・スコアカードを設計する。バランスト・スコアカードにおいても，「事業の業績評価指標」と「管理者の業績評価指標」のそれぞれに目標と実績・予測を表示する。

③ OKRsと呼ばれる，管理者と社員のための目標管理プロセスを設計し，運営する。OKRsは「管理者の業績評価指標」に特化する。

② 主要業績評価指標：ROA，ROIC，ROE，およびEVAの取扱い

昆・大矢・石橋（2020）は，CFOの重要な役割の１つが資本コスト経営であり，CFOは事業ごとに資本コストを設定するべきであると主張した。FP&A組織は「MCSの設計者および運営者」として，事業部の業績評価指標をどのように設定するべきなのだろうか。

ROI（Return On Investment：資本利益率）は，分子に利益，分母に資本を使用した比率である。桜井（2020, p.165）は，資本利益率の利益と資本の組み合

わせには比率の目的を留意する必要があり，資本利益率の分子と分母には論理的な首尾一貫性が求められるとする。

ROA（Return On Assets：総資産利益率）の場合，分子が事業利益（本業の利益である営業利益と受取利息や受取配当金などの金融収益の合計），分母が資産もしくは総資本（自己資本と他人資本の合計）の組み合わせとなる。ROAの分子である事業利益は分母である資産と，企業価値への関連という目的で論理的に対応している。

企業の業績評価指標であるROAを事業部の業績評価指標として展開したものが，ROIC（Return On Invested Capital：投下資本利益率）である。分子には事業部の営業利益（分母の事業部の使用資産に金融資産が含まれないので，金融収益は考慮しない），分母には事業部の使用資産が使われる。ROAもROICも，売上高利益率と資本回転率に分解して管理することが可能である。売上高利益率だけではなく，資本回転率を上げることでROAとROICを上げることが可能である。資本回転率管理の中心であるのが売上債権と棚卸資産の回転率の管理である。

ROE（Return On Equity：自己資本利益率）の場合，分子が当期純利益，分母が株主資本（払込資本と留保利益の合計）の組み合わせになる。自己資本は株主資本と評価・換算差額等（連結貸借対照表では，その他の包括利益累計額）との合計額と定義されることが多い。しかし，当期純利益と論理的に対応するのは株主資本である。ROEの「管理者の業績評価指標」としての管理可能性の観点からも，ROEの分母は株主資本が適当である。ROEの分子である当期純利益は分母である株主資本と，株主価値への関連という目的で論理的に対応している。

ROAが企業価値に関連がある業績評価指標であるのに対し，ROEは株主価値に関連がある業績評価指標である。本章では，企業価値に関連があるROAの設計・運営について検討し，第５章で株主価値に関連があるROEに関する検討を行う。

ROAの長所は，包括的な業績指標で計算が容易であることである。事業規模の大小にかかわらず，複数の企業や事業の業績を比較することができる。

ROAは，分子が事業利益であるので，１期間の利益を大きくすることによって，ROAを大きくすることができる。また，分母が資産であるので，投資額を小さくすることによって，ROAを大きくすることができる。研究開発費などの期間費用や製造設備などへの資本投資を減少させることでROAを大きくすることが可能である。したがって，ROAには，コーポレートガバナンス・コードが求める企業の持続的な成長と中長期的な企業価値の成長の成否を評価することが難しいという短所がある。

EVA（Economic Value Added：経済的付加価値）は，歴史的に残余利益（Residual Income）と呼ばれた業績評価指標である。ROAの短所を修正するために開発された。ROAのように比率ではなく，NOPAT（Net Operating Profit After Tax：利息控除前の税引後営業利益）から使用資本と資本コストの乗数を減じた金額として計算される。

EVAは企業価値の成長度合いを金額で示すことができるので，ROAの短所である比率としての欠点を修正し，事業ごとの資本コストを反映することができる。しかし，NOPATが当期の期間利益であるという問題は残っている。また，使用資本に含まれる固定資産の評価には，取得簿価，償却後簿価のどちらを使用しても誤ったメッセージを与えるという課題が存在する。

ROAとEVAに共通する問題の背景には，両方の指標が持つ本質的な限界がある。それは，２つの指標が投資家の視点に基づいていることである。

投資家の多くは，短期志向である。短期志向の投資家は，当期の期間利益を大きくし，株式価値の市場価値を短期的に大きくすることを求める。企業価値の中長期的な成長には関心を払わない。

投資家（株主）と経営者の間には情報の非対称性があり，エージェンシー問題と呼ばれる利害対立問題が存在している。投資家の多くは，「事業の業績評価指標」の達成に多大な関心を払うが，経営者の視点の中心にある「管理者の業績評価指標」には関心を払わない。

FP&Aプロフェッショナルに求められるのは，企業価値の中長期的な成長を目的として経営者の視点で「管理者の業績評価指標」を設計・運営することなのである。このことを踏まえ，今後，業績評価指標が展開していく３つの方向性を示す。

① 期間利益の目標には営業利益ではなく，管理者が管理することができる

EBITDA（Earnings Before Interest, Taxes, Depreciation and Amortization）を使用する。EBITDAには，管理者が管理することができない負債の支払利子，法人税等や固定資産の減価償却費が含まれない。EBITDAで設定された目標を管理者のOKRsに反映する。

② 売上債権や棚卸資産の資本コストの管理には，売上債権や棚卸資産の資本回転率（もしくは資本回転期間）を使用する。ROAが売上高利益率と資本回転率に分解されるように，EVAをEBITDAという期間利益と売上債権や棚卸資産の資本回転率に分解して管理するのである。管理者が管理することができる売上債権や棚卸資産の資本回転率目標を，管理者のOKRsに反映する。

③ 固定資産の資本コストの管理は，EBITDAおよび売上債権や棚卸資産の資本回転率の管理とは別個に，資本予算（Capital Budgeting）プロセスにおいて行う。まず，毎年，ローリングで作成される中期経営計画を基に，年度予算としての資本予算（Capital Budget）を設定する。次に，資本予算プロセスにおいて各投資案件の提案に対して実行すべきか否かの評価を行う。最後に，実行された投資プロジェクトの効果は複数年にわたり発現するため，投資実行後のマイルストーンを設定し，事後監査を実施する。事後監査において評価される管理者の業績評価指標の目標を，管理者のOKRsに反映する。

③ 日本企業独自の中期経営計画への提言

日本企業の中期経営計画は，グローバル企業には存在しないユニークなFP&Aプロセスである。本章の第１節では，日本企業の経営管理組織が有する３つの機能不全の１つとして紹介した。ここでは，日本企業独自の中期経営計画を経営管理プロセスの問題としてではなく，可能性として考えてみたい。

コーポレートガバナンス・コードは，日本の上場企業の「企業の持続的な成長と中長期的な企業価値の成長」を実現することを目的とする。この点から，中期経営計画はどのように設計・運営されるべきであろうか。中期経営計画を活用して，経営管理プロセスとマネジメント・コントロール・システム（MCS）の２つのPDCAサイクルを回している事例を紹介する。

ソニーの吉田憲一郎CFOは，2018年４月にCEOに就任した。同年５月に初めての経営方針説明会において，第３次中期経営計画（2018年度から2020年度まで）の主要な数値目標に，「⑴　営業キャッシュ・フロー３年間累計額：２兆円以上」と「⑵　連結株主資本利益率（ROE）：10%以上」の２点を選んだ。

従来の中期経営計画では，ROEとともに営業利益の最終年度における数値目標を設定していた。新たな数値目標として，「３年間累計のキャッシュ・フロー」を選んだのは，安定して稼ぐことへの決意表明であった。この背景には，ソニーのそれまでの業績が高収益であった年度の翌年に大きく悪化するなど，収益面での安定性に欠けていたことがあった。

2021年６月の経営方針説明会で，吉田CEOは第４次中期経営計画（2021年度から2023年度まで）を発表した。主要な数値目標を「営業キャッシュ・フロー３年間累計額」から「調整後EBITDAの３年間累計額」に変更し，「連結株主資本利益率（ROE）」を数値目標から外した。

経営方針説明会での質疑応答における回答として，数値目標として「調整後EBITDAの３年間累計額」のみを選んだ理由を，投資を促す指標であるからと答えた。筆者は，吉田CEOが中期経営計画の主要な業績指標として「事業の業績評価指標」ではなく，「管理者の業績評価指標」を選んだのだと解釈している。

2022年度から，中期経営計画の数値目標の達成度に応じて賞与の基準額が自動的に決まる仕組みに移行した。持株会社の研究開発や管理部門などの約3,000人の社員を対象に，基本給６カ月分をベースとする賞与の1.8カ月分の基準額の増減率を，中期経営計画の主要な数値目標である「調整後EBITDAの３年間累計額」の達成度に連動させた。筆者は，中期経営計画の主要な数値目標がマネジメント・コントロール・システムに紐付けられたと解釈している。

日本企業独自のFP&Aプロセスである中期経営計画に関して，筆者の提言は，以下の３点である。

①　中期経営計画を投資家の視点ではなく，経営者の視点を中心に作成する。

②　中期経営計画の主要な業績評価指標を，「事業の業績評価指標」ではなく，「管理者の業績評価指標」を中心に作成する。

③　「管理者の業績評価指標」を役員および管理者の報酬に紐付ける。

第3章

グローバル企業の「事業部レベル」における FP&A

本章のねらい

- グローバル企業を中心に，企業価値の向上を牽引する重要な役割とされる事業部レベルでのFP&Aに関し，その組織構造の変遷と機能およびスキルの進化について学ぶ。
- 業種，ビジネスモデル，経営管理手法等が与えるFP&Aの役割への影響を，筆者が勤めた複数のグローバル企業での経験に基づいて学ぶ。
- FP&Aが目指す「真のビジネスパートナー」になるには，「結果責任」と「独立性」の両方を兼ね備えることが重要になることを学ぶ。
- 「真のビジネスパートナー」を目指す中で生じるチャレンジと，FP&Aプロフェッショナルの大きな可能性について学ぶ。

1 グローバル企業を牽引してきたFP&A

筆者（三木）は外資系IT企業の日本法人に新卒で入社し，FP&A組織の１つである予算管理部門に配属された。他の企業のことを知らない新人のころの筆者は，FP&Aという組織はどの企業にも同様な体制と規模で存在するものと思っていた。しかし，他の企業の状況を理解するにつれ，FP&Aの機能に焦点を当て，専門性の高いプロフェッショナルを配置するのは欧米系企業に多い特徴で，そうした企業を中心に機能が進化してきたことを学んだ。

欧米系の企業でFP&A機能がいち早く進化した理由は，株主資本主義が継続した業績と財務体質の向上を強く求めることになり，FP&Aがその役割を担う組織の１つとして重視されたからである。特にグローバル企業は，各国，各事業部のビジネスを拡大させながら，１つの企業グループとして統制し，効率的な経営を追求し，ステークホルダーからの期待に応える必要がある。こうしたグローバル経営を成功させるには，各国，各事業部での業績管理と本社の経営管理との連携が不可欠となる。会社業績を最前線で牽引する事業部におけるFP&Aは，本社の経営と連携しながら事業部の最適化を追求することで，企業の全体最適を推進することが求められてきた。

FP&Aは組織，機能，スキルの観点で進化してきた。そして，高まり続ける市場からの要求とテクノロジーの進歩により，さらなる次元へと進むであろう。本章ではまず組織，機能，スキルにおけるFP&Aの進化を説明する。次に筆者が勤めた複数のグローバル企業での実務経験から，業種，ビジネスモデル，経営管理手法等が与えるFP&Aの多様性を，事業部レベルのFP&Aの観点を中心にまとめた。さらにFP&Aプロフェッショナルが目指すべき姿，役割を担う上でのチャレンジ，そしてビジネスパートナーとしての姿勢と行動がもたらす個人と組織への価値について記述した。これらからFP&Aという役割の大きな可能性を見出していただけたら幸いである。

2 FP&A組織構造の変遷

財務プロフェッショナルを支援する職業人団体であるAFP（Association for Financial Professionals）が公開しているガイドの１つである「FP&A組織構造：組織構造のトレンドとベストプラクティス」では，「いかなる組織構造であれ，その究極的な目標は，当該企業が内外の顧客に効果的かつ効率的なサービスを提供することを支援すること」としている。したがって「FP&A組織は，事業部レベルで業務を支援するために下方および職能横断的に情報を伝えられると共に，本社経営幹部にまで情報を伝えることができる必要がある」としている。この結果として，中央集権型，分権型，そしてハイブリッド型の３つのタイプの組織構造が生じたとしており，これらの組織構造を進化のステップの観点から説明していきたい。

（1）　中央集権型組織

規模が小さい企業においては，本社のCFO組織下にFP&A機能が構築されるのが一般的である。制度会計における実績値の正確性を確保し，説明責任を果たすためには，事業の業績を対前年，対予算で分析し評価することが不可欠である。こうした分析と評価は，事業の業績改善を導く経営管理プロセスへと発展していく。ここに，本社組織として構築されるFP&A機能の出発点がある。FP&A組織は業績の分析を行うために事業部の情報を入手し，分析結果を本社で集約してレポート化するという，中央集権型のアプローチをとる。

図表3-1■中央集権型FP&A組織

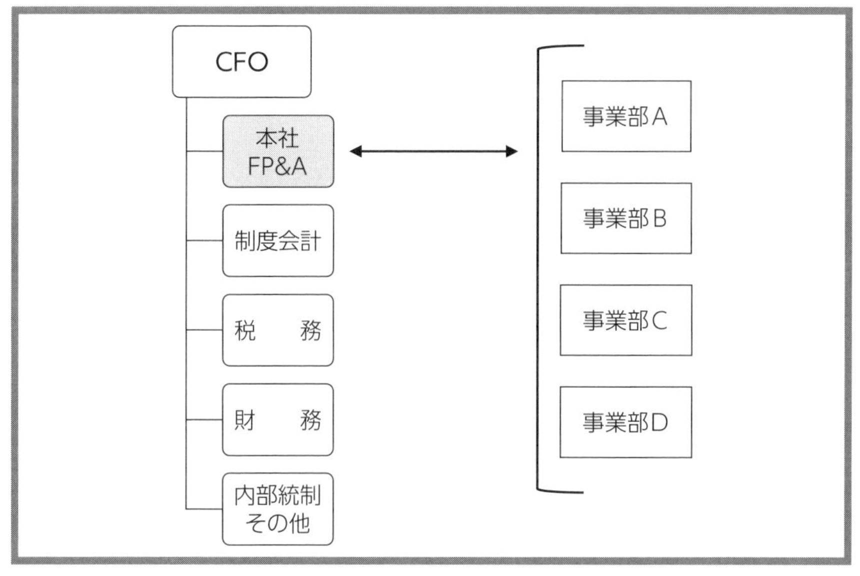

出所：筆者作成。

中央集権型のFP&A組織は，CFOの側近である会計プロフェッショナルが業務を行うため，CFOにとって情報が入手しやすく，会計基準をしっかりと踏まえた分析が行われる。しかしながら，ビジネスに関わる情報は事業部側が提供するものに多く依存するため，客観性，詳細などが不足する危険性がある。場合によっては，事業部の代行メッセンジャーで終わってしまうこともある。中央集権型のFP&A組織には多くの限界があるが，その中で最も大きな限界と考えられるのは，情報の流れが事業部から本社への一方通行になりやすいことである。本社から事業部への支援や付加価値の提供が限定的になってしまい，管理側（本社）と実行側（事業部）という関係になりがちで，「番人としてのFP&A」としてしか見られない可能性がある。

（2） 分権型組織

事業部はビジネスの最前線で結果を出すために，問題の根本原因と解決策を迅速に見つける必要がある。その役割の担い手として事業分析の担当者を配置することになり，これが事業部におけるFP&A機能の出発点となる。事業部内で作られたFP&A組織は事業部長への支援を最優先するため，事業部長の指示に従い，事業部の結果を最適化するために行動する。このように構築された

図表3－2■分権型FP&A組織

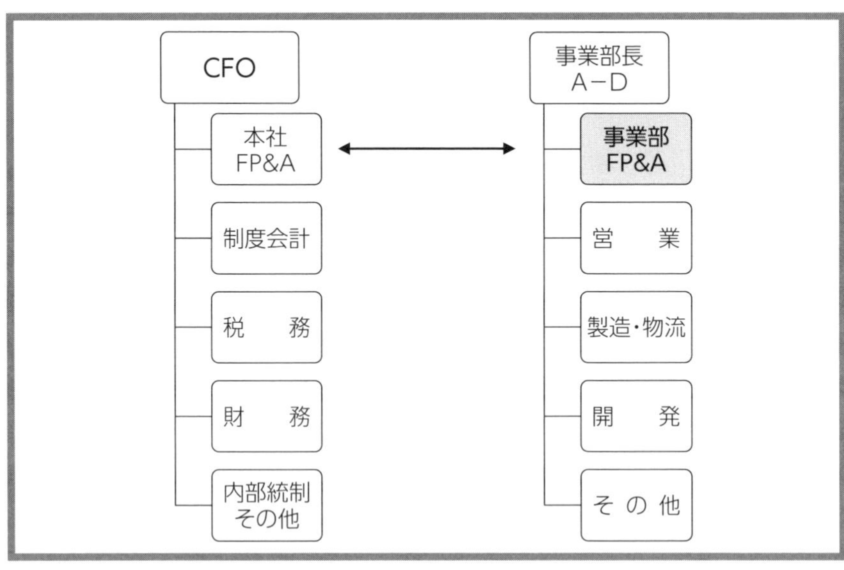

出所：筆者作成。

FP&A機能は，事業部に分権化された組織となるため，本社CFOの目の届かないところで多くのFP&A業務が遂行されることになる。

分権型のFP&A組織には，中央集権型のFP&A組織にはない多くの利点がある。その中で最大の利点の１つは，事業の内容と状況を深く理解した人材がアウトプットを作成することである。そして，事業部長が最も必要とする情報が効率的に提供されるため，事業部長にとってはとても有用な組織となる。

しかしながら，分権型の組織にも問題点は少なくない。そのうちの１つは，FP&A担当者の人事考課が事業部長に依存しすぎることである。この関係があると，FP&A担当者は事業部長への忠誠心が強くなりすぎてしまい，事業部長にとって耳の痛い問題点を指摘できなかったり，全社最適より事業部最適を優先してしまうリスクが生じる。また，事業部からの情報が外に出にくくなることがある。情報が本社の経営側と適切に共有されないと，企業全体の最適化を阻害する要因になりかねない。

分権型組織のもう１つの大きな問題は，FP&A担当者のスキルである。事業部内で作った組織であるため，会計の知識を十分に持たない人材がこの役割を担うことが少なくない。したがって，会計上の影響を正確に分析できない可能性がある。また，組織としてFP&Aスキルの育成に高い優先順位を置けないこともあり，実務担当者の会計スキル向上への教育機会が不足する懸念もある。

(3)　ハイブリッド型組織

中央集権型組織と分権型組織の問題は，特に事業部，国，そして本社間の連携が重視されるグローバル企業において大きくなる。そこで問題を解消するために多くの企業で導入されてきたのが，ハイブリッド型組織である。ハイブリッド型とは，事業部におけるFP&A機能を本社CFO組織に直接的（実線）につなげた上で，事業部長には間接的（点線）につながるようにした体制である。この組織構造においては，中央集権型と分権型の両方のメリットを享受できるとともに，それぞれにある問題点を回避することができる。

事業部のFP&A組織がCFO傘下に入ることで事業部と本社の間の垣根が低くなり，情報の透明性が高まり，共有化が進む。事業部長とは点線で組織的につながり緊密な関係を保つので，事業の内容と状況を深く理解した人材がアウ

図表3-3■ハイブリッド型FP&A組織

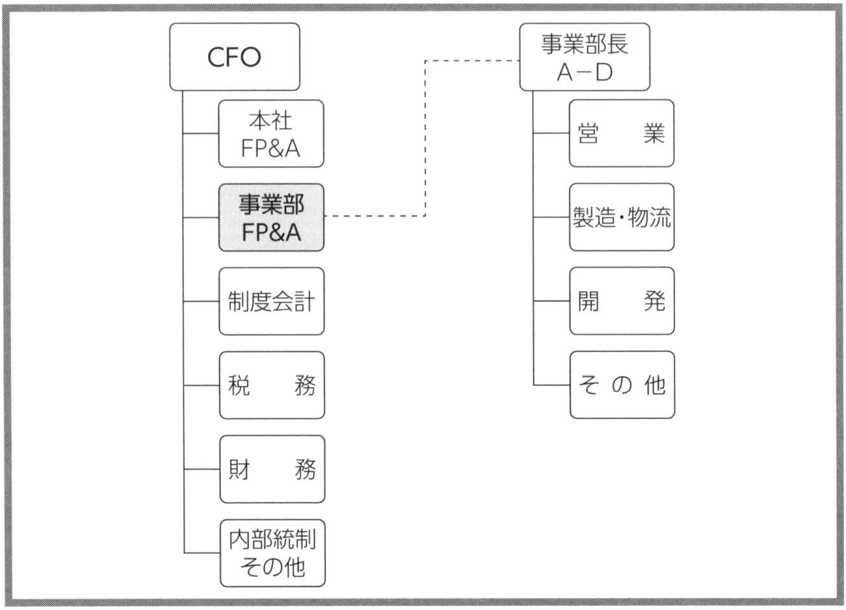

出所：筆者作成。

トプットを作るという，分権型の利点も維持される。まさに，事業部と本社の連携が効果的に実現する組織構造である。また，組織的に事業部から独立しているため，事業部長にとって耳の痛い問題の報告や改善に向けたアクションが，事業部長からの過大な影響を受けずに行いやすくなる。事業部へのガバナンスが一層有効になり，業績改善に向けたアクションを全社最適の観点で機能させやすくなる。さらにCFO組織に所属することで，会計プロフェッショナルとしての然るべき行動と専門知識を学ぶ機会が増えるので，FP&A担当者のスキルをより向上させることができる。

ハイブリッド型の組織構造の狙いは，国や事業部側のビジネスリーダーに対してパートナーとして寄与することと，組織を機能で集約することで国と事業部を横断的にカバーし，ガバナンスの強化と全体最適を図ることにある。これは，FP&A組織のみならず，人事など他のファンクションでも有効な組織構造として取り入れる企業が増えている。

『日本的ジョブ型雇用』（湯元ほか（2021））では，人事のガバナンスを強化するために，グローバル企業では各国，各事業部の人事バイス・プレジデントに対する評価を，各国，各事業部のトップが行うのではなく，グローバルの人事役員が行うことで，ガバナンスを強化する例があるとしている。また，子会社やグループ企業を傘下に持つ場合，人事のガバナンスの最適化の１つの方法として，各社の人事マネジャー以上の役職に対する評価を，ホールディングスの人事が担うことを検討する価値があるとしている。

それでも問題点は少なくない。最大の問題は，この役割におけるFP&A担当者の立ち位置が難しくなることである。事業部長や事業部のメンバーと信頼関係を構築することが不可欠である一方で，CFO組織下の担当者として事業部からの独立性を保つことが求められる。本社CFOが求める最適解は，必ずしも事業部長にとっての最適解でないことがあり，その逆の事態も生じる。こうした場合，FP&A担当者は本社CFOと事業部長の間に立ち，葛藤が生じることがある。この葛藤は事業部長に対するだけではなく，本社CFOに対して生じることもある。事業部FP&Aの役割として最も難しい点の１つである。

ハイブリッド型組織の目的である「事業部と本社のニーズの両方を満たす役割」は，かなり高度なものである。高い会計とコミュニケーションのスキル，そして強いマインドセットなくしては，なかなかうまくいかない。さらに，この難しい役割を遂行するのに弊害となるのが，分析業務やレポートの作成に関わる作業量の多さである。FP&A組織における人員が多大なワークロードを抱えながら，事業部と本社のニーズに応えるために，慢性的に業務時間が長くなる理由がここにある。

この問題を人員増で対処しようとしても，コストの問題が避けられない。自動化の導入で対応しようとしても，一朝一夕にできるものではない。よって多くの作業時間を費やす一方で，期待した付加価値が提供できないFP&A担当者になってしまうことがある。本来，FP&Aという役割は現場と経営をつなぎ，企業の価値向上を推進するという，とてもやりがいのある仕事である。ただ，こうした状況が，FP&Aの役割を担うことに腰を引かせてしまう現実を作ることがある。

（4） COE組織の導入

そこで，先進的な企業で取り組みはじめているのがCOE（Center Of Excellence）組織の構築である。COE組織が各国，各事業部で生じている作業量の多いレポーティングや分析業務などを集約し，一括してアウトプットを出すことで，FP&A担当者を支援するというやり方である。AFPのガイドの１つである『FP&Aがより良いビジネスパートナーになるための方法』（Lapidus (2021)（石橋訳（2022）））では，規模の大きい会社の多くが，FP&A組織がビジネスパートナーとしての役割に専念できるよう，報告書の作成，事業の分析，自動化等を集約して行う組織であるCOE（Center Of Excellence）やSSC（Shared Service Center）を立ち上げているとしている。

図表３－４■COEの機能

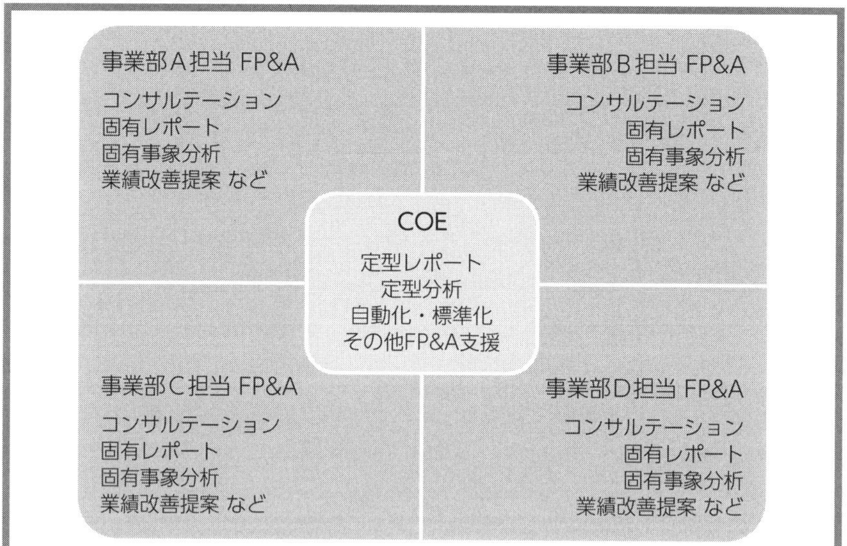

事業部A担当 FP&A
コンサルテーション
固有レポート
固有事象分析
業績改善提案 など

事業部B担当 FP&A
コンサルテーション
固有レポート
固有事象分析
業績改善提案 など

COE
定型レポート
定型分析
自動化・標準化
その他FP&A支援

事業部C担当 FP&A
コンサルテーション
固有レポート
固有事象分析
業績改善提案 など

事業部D担当 FP&A
コンサルテーション
固有レポート
固有事象分析
業績改善提案 など

出所：筆者作成。

国や事業部が違っていても，レポートや分析には共通する部分がある。特に，レポートの形式は共通化できるところが多い。原因分析や対応策を立案するとなると，事業部固有の専門知識が必要となるが，共通の観点で分析できるところもある。たとえば，人員数と単価による差異分析，本社からの配賦費用の分析，事業部間の付替え費用の整理，会計基準の変更による影響分析などである。これらをCOEで一括して担うことが可能であろう。

COEには会計のリテラシーのみならず，標準化と自動化のスキルを身につけた人員を配置することと，スキルを継続して向上させるための教育を提供することが大事である。この組織が集中的に対応することで，業務の標準化を図ることができ，自動化が推進しやすくなる。RPA（Robotic Process Automation）等を活用した効率化を図ることができるとともに，AIやデータの可視化・分析ツールを活用して分析の質を向上させることも実現しやすい。集中化・自動化による生産性と質の向上により，事業部門におけるFP&A部門は課題を解決し，事業機会を特定し，事業戦略に深く入るという，ビジネスパートナーの役割に専念できる。

AFPのガイドの１つである「価値を重視するCFO組織になる」では，価値に焦点を合わせるCFOは，「自動化がCFO組織の価値を解き放つための新しい能力を得るのに役立つこと」を認識しているとしている。AFPの会員のほとんどがこのことをエキサイティングだと考え，長年にわたって培ってきたFP&Aプロフェッショナルのスキルを活用できる道筋だと考えている。COE組織を構築し，集中化を取り入れ自動化を進めることは，会計プロフェッショナルのFP&A機能に対するモチベーションを高めさせ，今後のFP&A組織の進化を促進させるであろう。

3　プロフェッショナル・スキルと機能の進化

ここまで，FP&A組織は事業部と本社の連携を強化し，事業部と本社経営に高い付加価値を提供するために進化してきたことを述べてきた。しかし，こうして進化してきた組織は，FP&Aプロフェッショナルのスキルと機能の進化があってこそ，有効に機能する。

前章でも述べられているが，FP&A機能とスキルの進化が表れてきたのは，欧米企業では1990年ごろからである。事業部における管理会計担当者の役割が，信頼されるスコアキーパー，レポート提供者から，FP&Aビジネスパートナーに変化しはじめた。初期のFP&Aビジネスパートナーの役割は，たくさんある過去の情報から洞察や気づきを得て，それを事業責任者やメンバーに伝え，意思決定の質を高めるものであった。

その後，ビジネスパートナーの役割は過去データからアドバイスするだけでなく，これから何が起こりそうかを予測し，戦略的な意思決定に寄与するようになった。2020年代に入ってからは，アナリティクス，AIなどのテクノロジーを用いて何が起きるかを予測し，予測される事態を最適化するために何をするべきかを示唆するまでに至っている。

この節ではスキルと機能の進化を2つの観点から説明したい。1つはAFPのガイドである『FP&A組織の成熟度モデル』(Lapidus (2022) (池側ほか (2022))) からの観点，もう1つは筆者の経験に基づく「事業部CFO」という役割への期待値の観点である。

(1) FP&A組織の成熟度モデルから見た進化

AFPのガイドである『FP&A組織の成熟度モデル』は，FP&Aスキルと組織機能を成熟度という観点で，基本レベル，発展レベル，そして先進レベルに定義している。具体的には，FP&Aのスキル領域を以下の3つに分け，それぞれのスキルが要求されるいくつかの活動に対して各成熟度レベルにおける状態をまとめている。

- ファイナンスと事業に対する洞察力
- 情報技術とデータ
- 個人とチームとの有効性

ここでは，本モデルの要点を簡単に紹介しておきたい。

- 「ファイナンスと事業に対する洞察力」というスキルが要求される活動の1つを，「マネジメント・レポーティング」としている。
  - 基本レベルを「決算をそのまま報告する」としている。
  - 発展レベルを「わかりやすく役に立つ情報を提供する」としている。レポートから有益な情報や，明示されていない洞察が提供され，付加価値が生まれてくる段階である。

- ➢先進レベルを「適切な情報を，適切な人物に，適切な時に，適切なフォーマットで提供する」としている。効果的なアクションにつながる情報の流れが確保された状態を示している。

- •「情報技術とデータ」というスキルが要求される活動の１つを，「アナリティクス」としている。
  - ➢基本レベルを「記述的アナリティクス」という，「過去に何が起きたか？」を示す分析としている。
  - ➢発展レベルは「診断的アナリティクス」とし，「なぜその事象が起きたか？」を明らかにできる分析としている。
  - ➢先進レベルは「予測・処方的アナリティクス」とし，「将来何が起きるか？　と，予測される事態を最適化するには何をするべきか？」を示すことができる分析としている。
- •「個人とチームの有効性」というスキルが要求される活動の１つを，「ビジネスパートナーとして提供する付加価値」としている。
  - ➢基本レベルを，間接業務で支援する「バックオフィス」としている。
  - ➢発展レベルを「事業に関与し支援する」段階のものとしている。
  - ➢先進レベルを「高く信頼されるアドバイザー」になっている状態としている。この究極が後節で詳しく説明する「真のビジネスパートナー」になることだと考えている。

（2）　事業部CFOという役割

FP&A機能への期待は高まっており，事業部におけるFP&Aリーダーを「事業部CFO」と呼ぶまでに至っている。その理由はCFO組織の大きな役割はFP&A機能であり，事業部に対しては財務，制度会計，内部統制に関する機能の窓口にもなるため，FP&Aリーダーは事業部にとってのCFOとみなされるからである。

一般的に，財務と制度会計の組織に関しては，FP&A組織に比べて事業部との連携は薄い。これらの機能はグローバルまたは現地法人の本社CFO組織に集約することで，ガバナンスと効率性をより重視する。しかしながら，規模の大きいグローバル企業になると，制度会計の組織の中に事業部担当者が割り当てられ，この担当者は事業部のFP&Aリーダーと強く連携する。すなわち，FP&Aリーダーは，間接的に制度会計のエキスパートを傘下に持つことになる。キャッシュ・フローに焦点を当てる事業であれば，その事業を担当する財務のエキスパートを事業部FP&Aリーダーの傘下に間接的に持つこともある。内部統制の機能に関しても，該当事業部の専門家として事業部FP&Aリーダーの傘下に入ることがある。

図表3-5■現地法人CFOと事業部CFOとの関係

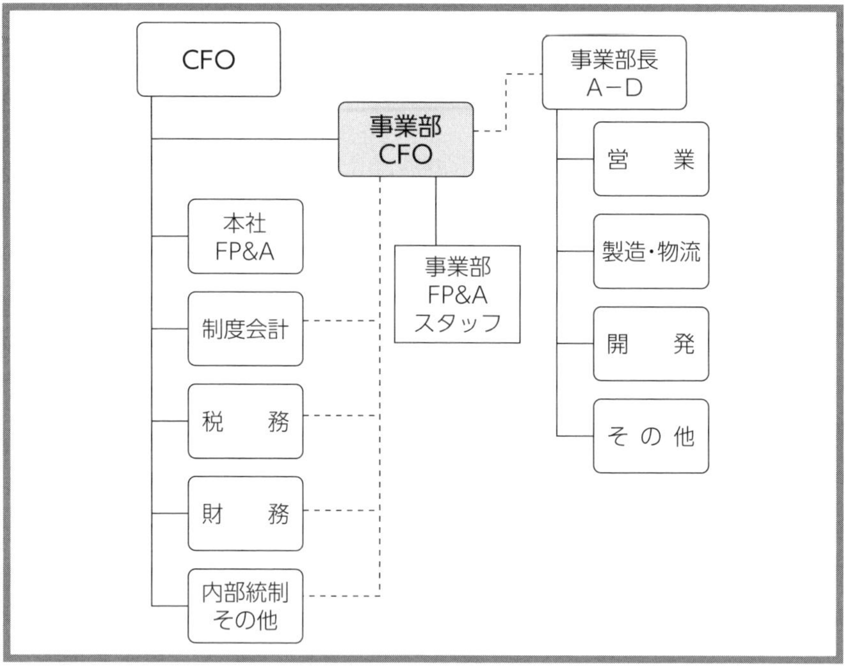

出所：筆者作成。

事業部を支援するFP&Aのリーダーが事業部CFOと呼ばれるということは，本社または現地法人CFOの分身のような役割であることを意味し，CFOの有力な後継者候補にもなり得る。事業部FP&Aで成功することが，グローバル企業の本社または現地法人のCFOになる重要なステップであるといっても過言ではないだろう。

事業部FP&Aは，CFOが持つ役割である企業価値向上の一端を，事業部の価値向上という役割で担っている。そして，事業部CFOと呼ぶことで，事業部に対するファイナンス機能を包括的にカバーする意識が芽生えるので，重要なモチベーションへの効果にもなっている。

4　業種，ビジネスモデル，経営管理手法等が与える役割への影響

ここまで，グローバル企業のFP&Aの進化を組織，機能，そしてスキルの観点で述べてきたが，ここからはFP&Aの役割の多様性を説明していきたい。企業内の役職が同じ名称であっても，会社によって役割の実態が違ってくるのは驚くことではないが，FP&Aの役割は，同じグローバル企業であってもかなりの違いが生じる。

この役割の多様性は何を意味するのか？　それは，FP&Aの役割が企業の業種，ビジネスモデル，経営管理手法等と強い関係にあるからであろう。すなわち，企業の特性の中で，有効な役割を持つFP&A組織を構築し発展させていくことが，企業価値の向上に貢献する鍵となる。よって，業種，ビジネスモデル，経営管理手法等が与えるFP&Aの役割への影響を考察することは，FP&A機能のみならず，企業業績の最適化に向けて多くの示唆を与えてくれると考えている。

筆者は，過去に4社のグローバル企業においてFP&A，事業部CFOまたは日本法人のCFOを担ってきた。この4社は，業界，国籍，組織風土等でかなり違う会社であり，FP&Aの役割も異なるところが多かった。この節では，それぞれの会社の特徴を示しながら，FP&Aの役割への影響，異なっているところ，共通しているところを考察していきたい。なお，ここで示す各社の特徴や考察等はあくまで筆者の私見であり，各社の見解ではないことを，あらかじめお断りしておく。

（1）　外資系IT企業の場合

本章の冒頭でも述べたが，筆者が新卒で入社した会社であり，米国赴任を含

めて25年以上勤めたグローバル企業である。この期間に担った役割は，FP&Aを中心として，事業部CFO，製品・サービスの価格設定などである。この会社は筆者が入社した1980年代にすでに米国管理会計士協会（IMA：Institute of Management Accountants）が提供する米国公認管理会計士（CMA：Certified Management Accountant）の資格取得を推奨しており，FP&Aプロフェッショナルの育成にとても力を入れていた。

総合ITソリューションをお客様に提供する会社だったので，各製品事業単位の管理と，それらを統合したソリューションを売るお客様または地域単位の管理が重要で，両方の観点によるマトリックス管理が経営管理システムの根幹であった。したがって，組織としては，日本の事業部長がグローバルの事業部長と日本法人の社長にレポートするという構造になっていた。

CFO組織もそのマトリックス体制を支援するために，筆者がある事業部の日本におけるCFOをしていた時の報告先上司は，その事業部のグローバルCFOと日本法人のCFOであった。

図表3-6■事業部と地域のマトリックス管理を支えるCFO組織構造

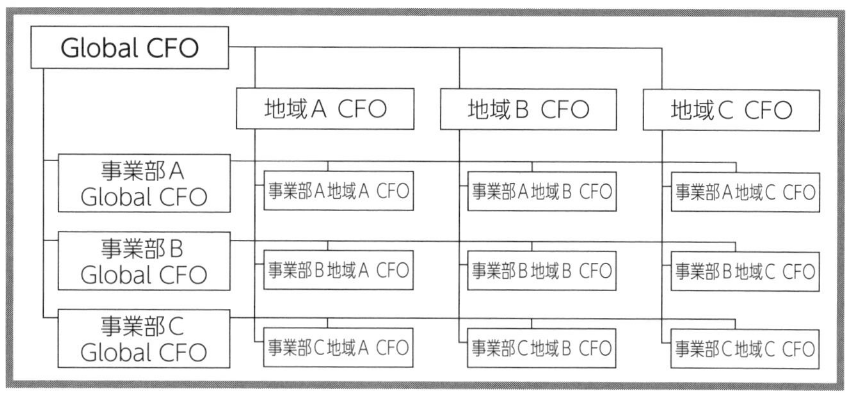

出所：筆者作成。

事業部におけるFP&A部門はCFO組織と実線でつながっており，事業部には点線でつながる構造であった。前述の組織構造のタイプで表現すれば，ハイブリッド型の組織構造であった。一方で，筆者が入社した当時は分権型の組織構造であった。分権型からハイブリッド型に移行する時には，CFOの組織下に入ることで事業部との距離ができ，事業部へのサービスレベルと分析の質が落ちることを懸念する声が少なくなかったようだ。筆者自身も当時は，この変更が良い方向なのか，疑問であった。しかしながら，FP&Aのプロフェッショナルとしての専門性を強化することと，事業部の壁を越えた人材の共有がより重要とされ，この大きな組織変革が実現した。

当企業の特徴的な管理手法は，グローバル本社からのトップダウン型マネジメントである。本社が出す目標値に対して，各地域の事業部では予測値を作成し，目標達成へのアクションの作成と実行に焦点を当てるというやり方が中心であった。直近の四半期末の予測値を毎週見直して，予算（目標）と予測の差を分析し，その差を埋めていくという予予分析のアプローチが主流であり，予算と実績値の差を分析する予実分析にはあまり時間をかけなかった。

予実分析に時間をかけない理由は，毎週，四半期末の予測値の見直しが行われるので，前週までの実績値がすでに考慮されていたからであろう。月次の実績値が出た時でも，分析と議論の大半は，当四半期末の予測がどうなるかに向けられた。過去を振り返る以上に，将来をどうするかに焦点を当てる管理手法であったといえよう。中期経営計画や年度予算もトップダウン型で作成され，各地域の事業部は目標達成に向けた実行計画の作成に集中した。

この会社でトップダウン型のマトリックス・マネジメントが有効に機能した大きな理由の1つは，世界中のデータが1つのデータウェアハウスの中に保存され，どこからでも必要な時に情報へアクセスできる仕組みがあったからであろう。SSoT（Single Source of Truth）という，「唯一の信頼される情報」としてデータが集中管理されており，月次の決算を待つことなく，日次や週次のサイクルで更新された情報を，このデータウェアハウスを通じて検索できた。

別の見方をすると，各国，各事業部でのビジネスの状況が，同じタイミングで本社に共有されてしまい，マトリックスの両マネジメントからもすぐにチェックが入る状況だった。また，こうしたデータウェアハウスを基に自動予測が行われていたので，「このままだと四半期末の結果が悪化してしまう。どうやって回復させるのか？」という質問がグローバルの本社と日本法人の本社から飛んでくるため，気の抜けない日々を送っていた。

図表3-7■SSoTであるデータウェアハウス

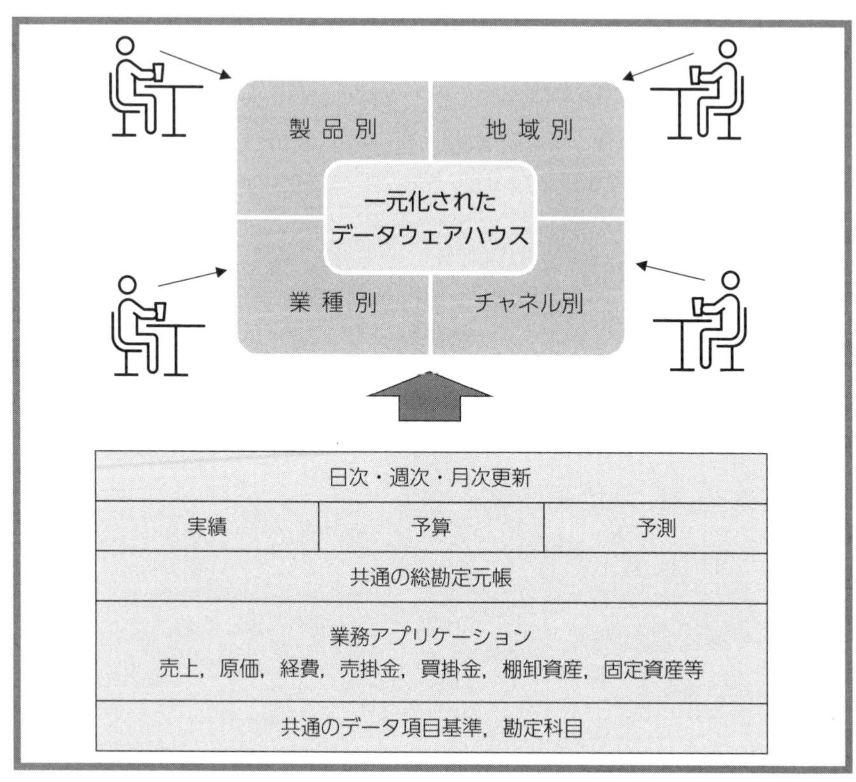

出所：筆者作成。

本社側FP&A部門の大きな役割の１つは，トップダウン型マネジメントを支える的確な目標値の作成と説明であった。グローバル本社という現場からやや離れたところにいながら，地域の事業部長に目標値の合理性を説得するという，とても高度な役割である。前述のSSoTが機能していることに加え，世界共通の製品，サービスを提供している会社であったことが，こうした難役を担えた大きな理由であったと考える。

各地域の事業部におけるFP&A部門の主たる役割は，売上と利益の予測の作成と，予測が目標値を下回る場合，その差を埋めるためのロードマップの作成と説明であった。これらの役割を遂行するには，事業部のビジネスへの深い理解，事業部メンバーとの緊密な関係，そして事業部を目標達成に向けてリードする姿勢が不可欠であった。

当社FP&A部門の姿勢として，事業部を支援するとともに，事業部を牽引することが求められていたと感じている。筆者が新卒で入社したばかりの時に，当時の上司から，「事業部からの提案や要請が本当に適切であるかを数値と自らの観点で評価し，最善の結果を導くように，どんどん意見をぶつけなさい」とよく奨励された。難しいことがたくさんあったが，自分自身をFP&Aプロフェッショナルとして成長させていく，素晴らしい機会であった。

その後，ビジネスがハードウェア主体からソフトウェア，サービス主体となり，売上や原価認識をはじめとした会計処理が複雑になってくると，FP&A部門が事業部を支援する機会が多くなった。サービスを購入することの財務的なメリットをお客様に説明するという営業支援の役割を担うこともあった。「現場に寄り添うFP&A」として事業部から感謝されることが増えたが，これは単に現場を支援したことの結果ではなく，あるべき方向に牽引する姿勢があったからだと思っている。

筆者が一事業部のCFOを初めて任された時，FP&A部門の目標は事業部にとっての「信頼されるパートナー」になることだと教えられた。この役割を果たすにはビジネスを理解し，事業部との良い関係を構築し，事業部と切磋琢磨しながらゴールを共有する姿勢が必要であることを実感した。全体最適を目指し，事業部の動きにむやみに流されず独立した姿勢で臨むため，時には事業部と衝突することもあった。しかし，こうした過程が，より強い信頼関係を築くことを経験した。

FP&A組織は変革のエージェントとしても期待されていた。部門横断的に構造改革を進めるには，事業部から独立し，数値からビジネスに入り込めるFP&Aの機能は有効なものであった。CFOが企業変革の最高責任者の１人であったので，CFOをビジネスに最も近いところで支えるFP&A組織における変革へのリーダーシップが重要であったことは，想像に難くないであろう。

（2）　外資系PCメーカーの場合

筆者はその後，外資系PCメーカーの日本法人のCFOになる機会を得た。

FP&Aの組織構造に関してはハイブリッド型であったので，前職と比べて体制に違和感を感じることはなかった。しかしながら，経営管理手法の違いは大きかった。

日次で売上と利益が報告され，どの地域，どの製品に問題があるかを見極めながら改善策をすぐに実行する日々であった。パソコンの技術革新は速く，短期間で自社在庫や流通在庫を循環させることが必要で，価格対応，キャンペーン，販売チャネルへのインセンティブ施策等を迅速に実施した。価格競争の激しい業界であったため，コスト削減への意識が会社のDNAになっていた。

予算作成，目標設定のアプローチはトップダウン型であり，筆者が在籍した期間のうち，年度予算の作成に長く時間を費やしたことはほとんどなかった。本社から年度予算の目標値が下りてきたら，筆者が部門ごとの予算を設定し各部門に通達した上で，「これで問題があれば，返事をしてきてくれ」というやり方で予算プロセスを済ませたこともあった。ビジネスの動きが速いため，年間予算を作成しても３カ月も経てば状況が変わり，目標値の見直しが必要になる。状況に応じて柔軟に目標値を変更することを前提に，年間予算の作成に長い時間を費やさないやり方であった。この時からすでに経営管理手法が，PDCA（Plan-Do-Check-Action）からOODA（Observe-Orient-Decide-Act）になっていたといえよう。

FP&A部門の役割はこうしたマイクロ・マネジメントに深く関わり，週次で行う予測値の見直しと目標達成へのロードマップの作成を事業部とともに行うなど幅広かった。財務上の影響を考慮しながらその場で大幅な割引の判断を求められるという，即断即決の場も多かった。あたかも短距離走を何回も繰り返すような日々であり，常に数値で状況を掌握し，詳細へ目を向ける姿勢が欠かせなかった。

予測値の正確性にも焦点が当てられた。前述のとおり予算の作成には時間をかけなかったが，予測の作成に関しては毎週，四半期末の着地点の作成と見直しが要求され，とりわけ正確性が重視された。この理由はどの地域，どの製品，どの販売チャネルにリスクと機会があるかを見極め，どこでキャンペーンを実施し，どこに人材を投入すれば四半期の結果を最大化できるかを，常にグローバルな視点で経営陣が判断していたからである。FP&A担当者は予測精度を高めるためにビジネスの詳細を理解し，ボトムアップで予測値を組み立てることに力を注いだ。決算時は予測から大きく外れていないかに関して，いつもドキドキしていた。頻繁に正確な予測値作成が要求されたが，これは決してFP&A部門だけが担うものではなかった。事業部，販売部，サプライチェーン部，マーケティング部などが一緒になり，週次のビジネス管理サイクル等を通じて，結果の最大化と予測精度の向上に向けて協業した。

図表3-8■週次のビジネス管理サイクルの例

	月	火	水	木	金
担　当	主要検討テーマ				
営　業	販売計画				
製造・物流		サプライ計画			
FP&A			損益計画		
XX事業部				グローバルXX事業部とのレビュー	
マーケティング					プロモ計画

出所：筆者作成。

当社の経営管理プロセスを通じて強く感じたのは，社内の多くの人たちがビジネスをP/L（損益計算書）で管理していたことである。意思決定のためにP/Lが広く活用され，P/Lの構造もよく理解されており，さらに学ぼうとする姿勢も強かった。FP&A部門に多かった相談事は，「P/Lで最も良い効果を出すために，どのようなオファリングを作るべきか？」というものであった。ビジネスを数値で管理する姿勢が組織や個人に浸透しており，皆のベクトルが同一の方向に定まっていて，激務ではあったが一体感のある会社であった。

数値でビジネスを管理することを通じて一体感があった理由は，ビジネスモデルにあったと思う。売上を予測する方法の主要な部分は「P（価格）×Q（量）」であり，利益に最も大きな影響を与えるのは，割引後価格による売上単価と変動費単価から算出される限界利益，そして販売数量である。これはシンプルなビジネスモデルであり，複雑な会計の知識がなくても利益を見積ることができた。割引率，販売製品の混合割合，販売数量，インセンティブ等が利益に影響を与えるため，多くの人たちが戦略作りと意思決定に関与し，利益へのインパクトを算出しながらアクションをとった。それゆえ，ビジネスを数値で管理する観点で一体感が生まれたのであろう。そして，FP&A部門はビジネスパートナーとして，事業部と行動をともにすることがとても多かった。

(3) 外資系教育・出版会社の場合

筆者が同社で勤務していた当時，日本における高校英語の参考書で大きなシェアを持つ出版社が傘下にあった。当社は他にリスニング・スピーキング教材，辞書，英語教本，英語テスト，そして英国の金融紙を提供する会社を傘下に持つ，教育・メディア系のグローバル・コングロマリットであった。

日本法人の事業の中心は出版業であった。本を出版し販売するには，出版取次と呼ばれる出版社と書店の間をつなぐ流通業者が介入する。委託販売が中心だったので，販売後に返品が生じるため，顧客からの入金は返品後になるケースが多かった。また，多品種少量販売という業界の特性から在庫があまり動かず，在庫回転日数が長かった。よってキャッシュ・コンバージョン・サイクル（棚卸資産回転期間＋売上債権回転期間－支払債務回転期間）が長くなるのが，ビジネスモデル上の特徴であった。

教育・出版業界にある当社は，筆者がそれまでに勤めてきた会社とまったく違う業界にあり，日本固有の商品と販売方法でほとんどの事業を行っていた。グローバル企業であっても多くの判断は国内に委ねられ，グローバル本社からの方針と目標値はあるものの，事業計画や予算はボトムアップで作成するステップを踏んだ。当社での実務経験がゼロの状態で日本法人のCFOを担ったため，当初はビジネス，会計上の特性，業界の慣習等を短期間で理解しなければならないという大きなチャレンジがあった。

FP&A部門は予算・予測の作成，予実分析，中期計画の作成で中心的な役割を果たした。四半期ごとに年間の予測値を見直したので，予算と予測値を比較する予予分析，利益目標達成へのロードマップのまとめ，そして事業部のアクションを促進することに力を入れた。また，印刷・製本・流通コストの削減，在庫と売掛金滞留日数の改善，与信プロセス運用，各種プロジェクトへの支援においても深く関わった。

業績を目標に向けて継続して改善させる意義を社員に啓蒙し，浸透させる役割も重要であった。これまで筆者が経験した会社に比べて，ビジネスを数値で管理する人材が少なかったので，利益とキャッシュ・フローを継続して伸ばす意義を説明することに力を注いだ。そのために，毎月の社員ミーティングで実績値と今後の予測を説明し，目標値を達成することの重要性とこだわりを強調した。社員教育の場では世界初の株式会社といわれる「オランダ東インド会社」の仕組みを示して，利益を増やし企業価値を向上させる目的を改めて説くなど，いろいろと工夫した。

当社のFP&A組織は前述のタイプでいえば，おおむね中央集権型であり，CFOの傘下に所属していた。グローバルの組織ではFP&A機能と組織にしっかりと焦点を当て，少人数ながらも適切に人員を配置していた。そして，制度会計，売掛金，買掛金などの業務を集約し外部委託するプロジェクトが進行するなど，グローバルに業務を改善する取り組みにも積極的であった。しかしながら，日本法人ではFP&A組織のみならず，FP&A専任のスタッフもいない状況で，CFO傘下の経理部長自身が制度会計と兼務で対応していた程度であった。海外と日本のFP&Aに対する姿勢の違いを感じた。

経理部長には会計業務を外部委託するプロジェクトに専念してもらう必要があったため，FP&Aの業務は筆者自身が担い，ほとんどのアウトプットを自らが作る状況になった。当初はこの作業に忙殺され，事業部にビジネスパートナーとしての付加価値を提供できず，忸怩たる思いをし続けた。前述した「FP&A担当者が直面する業務量の問題」を痛感する毎日であった。

この状況を打破するために行きついた方法が，予算・予測作成のモデル化による業務量の削減であった。Excelテンプレートによるモデルを作成し，そこに営業部門から売上計画を商品単位で入力してもらい，モデル化した返品率，在庫廃棄率等を反映することで，売上と粗利益の計画を作成した。

経費計画に関しては，各部門から人員と主要な費用をテンプレートに入力してもらい，事業部ごとの計画値をボトムアップで作成した。こうして作成されたP/Lに，各商品の売掛金回収日数と各費用の支払期間の適正なモデルを反映し，キャッシュ・フローの計画を作成した。P/Lとキャッシュ・フローの計画ができることで，B/Sの計画のほとんどが自ずとでき上がるようにした。

計画作成のモデル化をしたおかげで，作業量を大幅に減少させることができた。また，そこに至るまでの作業が，ビジネス，利益，キャッシュ・フローのドライバーを理解させてくれた。さらに会計業務の外部委託化により，FP&Aに携る人材を日本法人の中で確保できるようになった。これらの改善で事業部へのアドバイスが提供できるようになり，ビジネスパートナーとしての付加価値を次第に発揮できるようになった。

図表３−９■計画値をモデル化して作成し，ビジネスを理解する

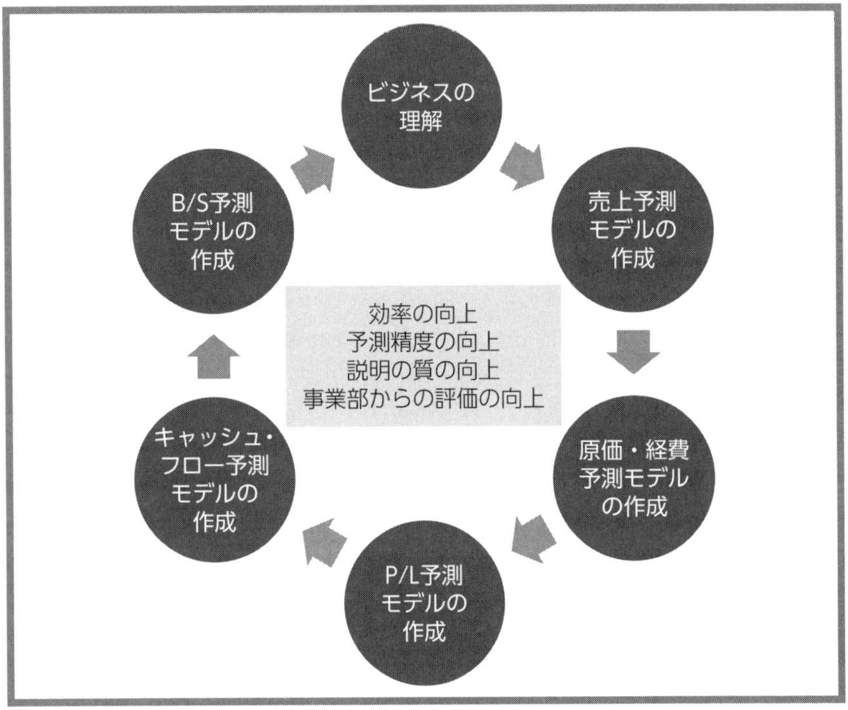

出所：筆者作成。

少し話が横道に逸れるが，今や自動化とAIの活用が業務効率を上げる重要な手段となっている。１つ気掛かりなのは，自動化等により，ビジネスへの理解が「空洞化」してしまうことである。これは避けなければならない。モデル

化という作業を通じてビジネスドライバーを理解していくことは，FP&Aの役割において今後も大切で有効だと考えている。この理解の上にテクノロジーを活用して，質と効率の向上を実現させたいものである。

（4）　日系素材メーカーの場合

ここまで筆者は複数の外資系企業に勤務してきたが，グローバル本社での経験を求めて，日本に本社がある日系素材メーカーに転職した。当社は建築用，自動車用，高機能の硝子の研究，製造，販売をグローバルに展開しており，資本集約型の業種で大規模な生産設備を有していた。よって，P/Lとともに固定資産，運転資本，キャッシュ・フローに特に焦点を当てていた。

売上予測，予実分析，工場の生産性を管理するKPIなどに基づき，改善策を立案・実行した。設備投資が大きい一方で，需給関係や経済の変動による影響が大きかったため，構造改革にも力を注いだ。

たとえば，自動車製造の減産が生じれば自動車用ガラスの売上に大きな影響を与える，競合他社が窯を増設し供給が過多になれば売上や価格に影響が生じる，原燃材料の高騰は製造コストに重要な影響を与える，などである。一方で，素板硝子を製造する窯は簡単には稼働を止められないため，設備などの減価償却費に加えて稼働を継続するための費用が固定的に生じる。したがって，事業ポートフォリオの改善と固定費への対応が重要な課題となっていた。

年度予算は重要な経営管理の目標値であり，多くの時間と労力をかけて詳細に作成された。本社から出される目標に対し，事業部によるボトムアップで作成する過程を経て，適正なものに決着していった。このアプローチは，事業の状況は現場が最も正確に掌握しているということと，現場のコミットメントが反映された予算が事業部のモチベーションを高めるという考え方に基づいていた。

月次の実績は予算との差異分析等で評価され，改善のためのアクションを計画し実行した。年度の後半には年度末予測を作成して，予算達成に向けたアクションを強化した。年度予算達成を目標にしたPDCAによる経営管理プロセスの中で，FP&A部門は予算作成，予測値作成，予実分析，投資評価，中期経営計画の作成等を通じて，事業部と一体となり目標達成を支援した。

筆者は入社してすぐに英国に赴任し，グローバルでの実績報告と予実分析を行い，予算，予測，中期経営計画をまとめる等の役割を担った。過去３社でFP&Aの役割を経験してきたが，新しい会社，新しい業種，新しい国の中で業務を担うのは大きなチャレンジであった。

製造原価，生産性，設備稼働率の実績の把握とそれに基づくアクションが大切になるため，予実分析に多くの時間を割いた。また，先行きが一層不透明になっている環境下，売上のローリング予測，予予分析，予算達成に向けたロードマップ作成への取り組みも推進した。

図表３-10■主たる経営管理プロセス

	第１四半期	第２四半期	第３四半期	第４四半期
月次業績レビュー	←―――	――――	――――	―――→
中期経営計画	←――	―→		
年度予測(1)		←―	―→	
年度予測(2)			←―	―→
次年度予算			←―	―――→
売上ローリング予測	←―――	――――	――――	―――→

出所：筆者作成。

この会社は以前，２倍以上の売上規模を持つ欧州の会社を買収したため，欧米系と日系の会社が混合した体制となっていた。具体的には，本社がある日本にグローバルCFOがいて，買収した会社の本社がある英国にFP&Aのトップと制度会計のトップがいるという組織構造である。FP&A組織に関しては，欧米側の組織は筆者が以前に経験したグローバル企業でのハイブリッド型の組織構造と同等であったが，日本本社では一部のFP&A機能が事業部に所属するという分権型になっていた。この会社でも，日本と欧米のFP&A組織に対する考え方の違いを感じた。また，FP&Aプロフェッショナルは，独立した視点で事業部にチャレンジするという姿勢以上に，事業部を支援するという姿勢が強かった。

日本企業に特徴的な経営企画部という組織が，CFO組織とは別に存在していた。中期経営計画と予算作成においては，方針と戦略を経営企画部がリードし，数値の作成とプロセスをCFO組織がリードするという役割分担になっていた。また，FP&A組織は前述のとおり一部に分権型が残っていたものの，おおおむねハイブリッド型の構造となっていた。よって，日本企業で生じやすい「本社経営企画部と経理部・財務部の間の壁」と「本社と事業部の間の壁」をほとんど感じることはなく，日系と欧米系の機能がうまく融合していた。

(5)　各社の特徴のまとめ

ここまで説明してきた各社の特徴を，筆者の独断により，産業型（知識・労働集約型か，資本集約型か？），財務管理上の優先指標（P/Lか，B/Sとキャッシュ・フローか？），ビジネス・レビューの焦点（将来予測か，予実分析か？），管理プロセス（トップダウン型か，ボトムアップ型か？），そしてFP&A組織の姿勢（牽引・変革型か，支援・管理型か？）という視点で，**図表３-11**のレーダー

図表３-11■各社の特徴

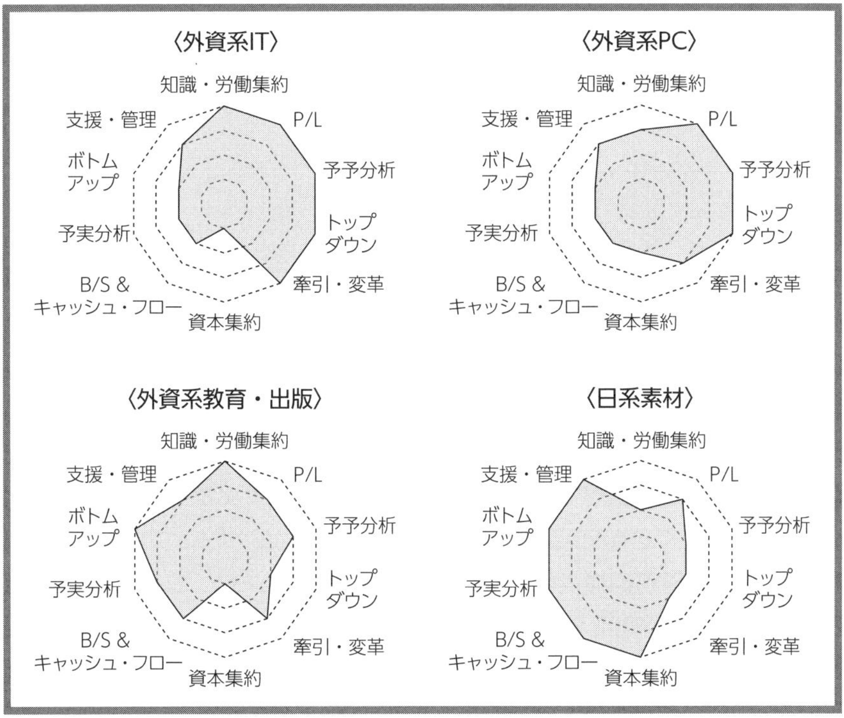

出所：筆者作成。

チャートのとおりまとめてみた。

ここで注目するべき点の1つは，上段の2社（外資系IT企業，外資系PCメーカー）は主に世界共通の製品やソリューションを販売している会社であり，トップダウン型の経営管理プロセスとなっていた点である。グローバルな観点で管理することが，地域に合わせた管理手法以上に効果があったからであろう。そして，下段の2社（外資系教育・出版会社，日系素材メーカー）は，主に地域のニーズに合わせた製品やサービスを提供する会社であり，ボトムアップ型の管理プロセスとなる傾向にあった。

業種，商品，そして経営管理プロセスの違いは，FP&Aの役割にも大きな違いを与えていたと実感している。しかしながら，同時に実感してきたのは，会社の状況に差はあるものの，いずれの会社も共通のベクトルに向けて進化しようとしていたことである。これらをまとめると以下のようになる。

① 異なっていたところ

- トップダウン型の会社におけるFP&A組織は，事業部を支援する以上に，全社最適の観点から時に事業部へチャレンジし，業績の最適化，変革を牽引する姿勢が強かった。数値という客観的な指標が，トップダウンでの意思決定や方針の展開，そして構造改革に欠かせないため，その役割をFP&A組織に期待したからであろう。
- ボトムアップ型の会社におけるFP&A組織の役割の多くは，事業部と密に協業し，事業部の方針に合わせて献身的に支援するものであった。各地域での戦略立案や意思決定には事業部の関わりが大きくなるため，事業部を支援し管理する役割がFP&A組織に強く求められたからであろう。
- 労働・知識集約型の会社は，特にP/Lに焦点を当て，資本集約型の会社はP/Lとともにキャッシュ・フローに焦点を当てていた。
- 予算作成への時間の費やし方は，経営管理のサイクルが大きな影響を与えていた。年間で管理するサイクルに適した会社は，年度予算の作成に力を入れていた。より短い期間で管理するサイクル（例：四半期ごと）に適した会社は，年度予算の作成にあまり時間をかけず，短期予測の作成に力を注いでいた。

- FP&Aの組織構造は，会社の規模，事業部との関係性などから，中央集権型，分権型，ハイブリッド型など，さまざまであった。スキルおよび機能の進化度合いもさまざまであった。総じてトップダウン型の経営管理プロセスを持つ企業の方が，より進化したFP&Aの組織構造と機能を有していた。グローバルで統括した経営を強化するには，FP&A機能が一層重視されることを感じてきた。

②　共通していたところ

- いずれの会社でも予算，予測という計画値の作成と目標値を達成するための実行計画のまとめは，FP&A組織の大きな役割であった。特に情報産業のように動きが激しい業界にいる会社は，予実分析よりも将来予測型の管理，すなわち予測値と目標値との差に対する予予分析に力を入れた。そして，目標を達成するための実行計画の作成に多くの時間を費やしていた。資本集約型の会社は予実分析に多くの時間を費やしていたものの，将来予測型の管理にも積極的に取り組んでいた。
- 事業を管理する上での重要な財務指標は，会社の産業型で影響を受けるが，会社の状況がより大きな影響を与えていた。たとえば，在庫滞留日数が多く資金回収期間の長い会社では，知識集約型産業であっても，B/Sやキャッシュ・フローに焦点を当てていた。一方で，製造設備を有していても，外部委託の比重を上げ固定費を抑えている会社は，P/Lに焦点を当てていた。これらから学べることは，FP&Aプロフェッショナルは会社や事業部の置かれた状況に応じて，必要となるさまざまな財務指標を管理するスキルを有する必要があるということである。こうした要求は時代の推移やテクノロジーの進歩によっても変わってくるので，変化に見合い対応できるスキルを維持・向上させることが共通のニーズであった。
- FP&A機能の究極の目標は，業績の最適化にある。すなわち企業価値の向上にどこまで貢献し，結果を出せるかにある。この考え方に基づき，成熟度，スキル，そして組織体制に違いはあるが，いずれの会社も事業部もしくは事業部長にとっての「ビジネスパートナー」になることを目指していた。

5 真のビジネスパートナーとは？

複数のグローバル企業での経験を通じ，筆者が最も共通していると感じてきたのは，FP&A組織は「ビジネスパートナー」になることを目標にしていたことである。しかし，この目指すべきビジネスパートナーの姿が，会社によって異なっていた。ここからは，筆者が学び，目指すべきと考える「真のビジネスパートナー」について述べたい。この定義は前章でも述べられているが，筆者の観点では**図表3-12**のマトリックスで表すことができる。

図表3-12■ビジネスパートナーのマトリックス

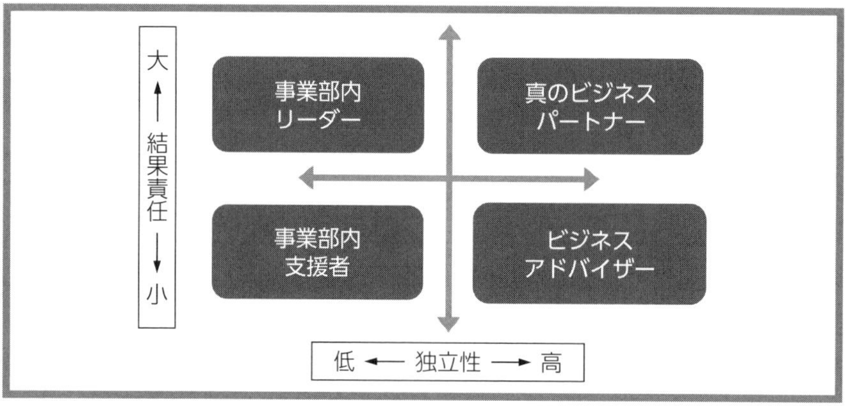

出所：筆者作成。

(1) マトリックスの説明

図表3-12の縦軸は事業の結果責任の大小を，横軸は独立性の高低を示している。なお，ここで示す4つの象限は，責任と行動様式の違いによるものであり，必ずしも組織体制を示すものではない。人事評価方法とマインドセットによっては，左側の象限に事業部所属でない人が入ることがあるし，右側の象限に事業部所属の人が入ることもある。また，どの象限の役割も重要であり，それぞれが存在しない限り会社はうまく機能しないことを断っておきたい。各象限の説明は以下のとおりである。

- **事業部内支援者**（左下）

事業部の業務遂行を円滑で効果的なものにする役割で，売上や利益に直結しない間接業務などが例となる。事業部を忠実に支援するが，事業の結果責任を担うことは少ない。

- **事業部内リーダー**（左上）

事業の結果を最大化させることを役割とし，売上や利益に直結する業務に従事し多大な影響を与えるため結果責任は大きい。多くの場合，事業部長の直属メンバーなどがここに位置づけられる。

- **ビジネスアドバイザー**（右下）

事業の結果を向上させるための支援を提供するが，会社全体の業績を最適化する意識が高いため独立性が強く，場合によっては事業部へチャレンジすることも厭わない。事業部とは別組織の場合が多い。

- **真のビジネスパートナー**（右上）

事業の結果を左右する意思決定に深く関与しながら協業するため，結果責任は大きい。同時に会社全体の業績の最適化につながるように事業部を導く。事業部への支援，チャレンジ，牽引をバランスよく実行し，独立性を保ちながら業績の最適化を図る。

ではなぜ，この４つの象限の軸で一番右上に位置するのが「真のビジネスパートナー」であり，最もビジネスの結果に貢献すると考えられるのだろうか？　縦軸にある「結果責任の大きさ」が大事であることはわかりやすいと思うが，意見が分かれるのは，横軸にある「独立性の高さ」という点だと思う。事業部長の観点ではFP&A部門を自分の組織下に置き，自らの意思に忠実に動いてくれることが，結果の最大化をもたらすという考え方があるかもしれない。つまり，右上よりも左上を重視するというものである。しかしながら，筆者はお互いが切磋琢磨できる関係にあることが大切だと考えており，そこには独立性が大きく影響を与えると思っている。

自分がトップの座に立つと，自分の問題に気づかなくなる。率直に自分の問題を指摘してくれる人が少なくなるためである。言い換えれば，問題を率直に指摘してくれる人がいることで，トップはさらに成長する機会を得られる。まさに，これがパートナーシップの大きな価値の1つであり，独立性がこの関係を有効に機能させる。筆者は以前の上司から“Be Independent”とよく言われたが，まさにこうした観点からであった。また，会社が継続して成長するには，全体最適の観点で各事業を管理し，聖域なき変革を断行することも必要なときがあるので，ここにも独立性を保持する意味があると考えている。

（2） 結果責任と独立性がもたらす相乗効果

結果責任と独立性の両方の意識を持つことが，どのような相乗効果につながり，良い結果を導くかの理解を深められるよう，以下に（A）から（G）のステップでまとめてみた。

（A） 結果責任の意識を強く持つことで，当事者意識が芽生え，ビジネスを深く理解しようという意識が高まる。

（B） 結果責任の意識が強まると，行動や判断において顧客の視点に立つようになり，チームとの協業が促され，解決策を導き出すことに焦点を当てる姿勢と行動になってくる。

（C） 同時に独立した意識を持つことで，事業の結果以上に会社の全体最適

図表3-13■結果責任と独立性の両方の意識を持つことの効果

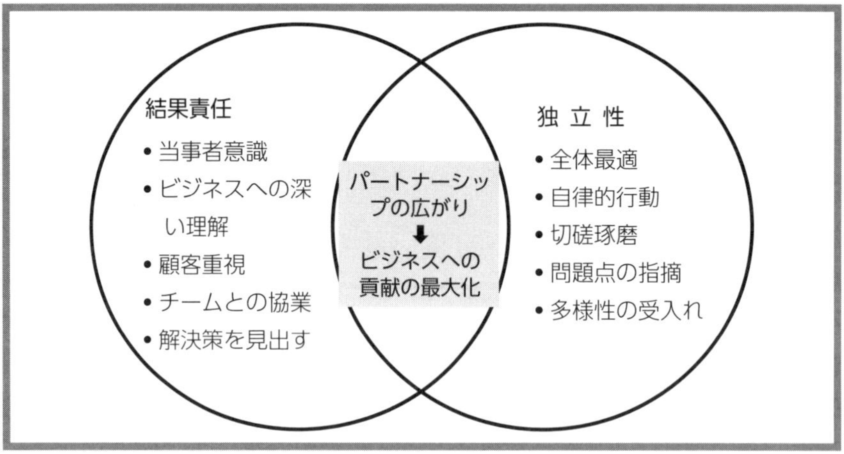

出所：筆者作成。

を重要な判断基準にする思考が高まる。

(D)　独立した意識を持つことで，事業部長や事業部メンバーの考えに流されることなく，自らの考えや基準で客観的に判断できるようになる。

(E)　事業部と対等の意識で行動することで，お互いに切磋琢磨し，問題点の指摘もしやすくなる。

(F)　独立した姿勢が受け入れられると，オープンで多様な考えを受け入れる文化が組織全体に生じてくる。

(G)　他のファンクションにおいても，ビジネス・パートナーシップの有効性が認識されるようになり，パートナーとしての姿勢が企業全体で広がり，企業競争力向上に寄与し，ビジネスへの貢献が最大化する。

6　FP&Aプロフェッショナルのチャレンジと可能性

ここまでFP&Aの組織，スキル，機能の進化と，筆者が経験したグローバル企業でのFP&A機能の特徴とそこからの学び，そして筆者の考える「真のビジネスパートナー」について説明してきた。次に，実務で直面しそうないくつかのチャレンジを紹介したい。現在の主流となるハイブリッド型組織におけるFP&Aの役割は前述のとおり簡単ではなく，現実にはいろいろな問題に直面する。なお，ここで紹介するケースは筆者の経験または見聞きしたことに基づいているが，一般化のために実例とは違うものにしてる。

(1)　事業部への支援だけで十分か？

期末の予測値を経営陣へ報告した際に生じたチャレンジである。事業部の年度末予測値をレビューする会議にて，事業部内の各リーダーが売上予測，コスト予測，利益予測を出してきた。それらの数値をまとめると，事業部の年間目標に達しなかった。事業部長は予測を提出した事業部内の各リーダーから，目標値を下回る理由と差を埋めるためのアクション・プランの説明を受けた。しかしながら，アクション・プランで上乗せできそうな数値を加算しても，目標値には達しなかった。この結果，事業部長は年間目標を達成できないことを経営会議で報告することを決断した。

FP&Aのリーダーとして事業部長の判断を正と考え，各リーダーからの予測値と目標値の差を縮めるためのアクションをまとめた。そして，「事業部として全力を尽くすが，年間目標は達成できない」という事業部長の判断を後押しするシナリオを準備した。

経営会議では事業部長が前述のとおり説明した。CFOを含めた経営陣からは「さらに良くするために何ができるのか？」，「そのために必要なヘルプは何か？」といった質問が矢継ぎ早に出てきた。FP&Aリーダーとしてその場に居合わせたので意見を求められたが，経営陣に付加価値のある返答ができなかった。なぜなら，自分のやってきたことは事業部でのミーティングで提供された情報をまとめ，事業部長の方針を支援することに留まっていたからである。

仮に結論が同じであったとしても，事業部の各リーダーが提供した予測値と追加のアクション・プランが本当に納得のいくものかを自らの観点（例：個別インタビュー，過去データからの分析など）でもっと検証することができたはずである。また，こうした検証を進める中で，経営陣のヘルプをもらえば結果が向上する機会を見つけられたかもしれない。ここまでの検討と事業部長への進言ができなかったことは，FP&Aリーダーとしての反省であり，結果の最大化に向けて，事業部への支援を越えて牽引していく姿勢が不足していたことを学んだ。

（2） 関係性が構築できているか？

本社側FP&Aの役割を担っていた時，事業部のこともできるだけ理解し，支援したいという思いから，ある事業部内でのビジネス施策を練るミーティングに参加させてもらっていた。その後，事業部から「本社側FP&Aの方の参加は，今後はご遠慮願えませんでしょうか？」という連絡があった。こうなった直接の理由はわからないが，本社側FP&Aの者が加わると，事業部内の話し合いがやりにくいと感じたのであろう。信頼関係が構築しきれていなかったゆえの反応であったと思う。

自分自身はビジネスパートナーのつもりでいても，相手からは番人のように思われることがある。パートナーとして受け入れられるためには，事業に寄与する実績を積み上げることが必要である。そうでないと，支援する気持ちで臨んでも，相手側にはそのように受け止められない可能性がある。本件を振り返ってみると，本社側FP&Aという立場であったため，当事業部に対する直接的な支援は少なかった。したがって，事業部側にとってミーティングに参加されることのメリットはほとんどなかったのであろう。理解できる反応である。本社側FP&Aという立場上，番人として見られることを受け入れ，事業部との適度な距離を置きながらサポートすることも必要であると感じた。

（3）　オーナーはだれなのか？

予測値と目標値の差を埋めるためのロードマップを作成する際のチャレンジである。目標値との差をロードマップで埋められないときは，埋めきれるまで事業部と協業し，場合によっては牽引しなくてはならない。ビジネスへの理解が不十分であったり，事業部との良い関係性が構築できていないと，こうした事業部との協業がうまくできない。差を埋めるための良い案が出てこないと，具体性の乏しいロードマップをFP&A部門にて仕方なく作成することになり，事業部側と連携がとれていない状態が生じることがある。こうなってしまっては，最終的に良い結果にならないことは明白である。

この状況が続くと，「ロードマップを作成するオーナーはだれなのか？」という議論に発展することもある。本来，ビジネスの目標を達成するためのアクション作りであるので，オーナーは事業部側である。しかしながら，目標値の通達やロードマップの作成を指示する窓口が本社のFP&A部門であると，あたかもFP&A部門がオーナーのように捉えられ，ロードマップの作成が事業部のFP&A部門に委ねられてしまうことがある。

この問題が生じるかどうかは，目標値が事業部の中で腹落ちしているかに依存する。目標値が高すぎると，その通達やロードマップ作成の指示を受ける窓口であるFP&A部門に皺寄せが行ってしまう。FP&A部門はオーナーでなくても，当事者意識を持って，事業部と協業してロードマップを作成する姿勢を強めれば，ボールの投げ合いのような事態は最小限に抑えられるだろう。

（4）　予測値が合意できない時にどう対処するか？

予測値は事業部長とFP&Aリーダーが合意したものを報告するべきである。しかし，いつもそうなるとは限らず，予測値を報告する最終責任者である事業部長の判断で，FP&Aリーダーの考えとは違う予測値が報告されることもある。たとえば，事業部長が最後まで目標値の達成を諦めず，リスクが高くても予測値を目標値より下げない場合などである。高い目標に挑み続けた結果，達成できない時の方が，下方に修正された予測値を達成した時よりも，良い結果を出せるという信念に基づいている。

期末を目前に控え，前述の理由により事業部長との予測値に対する意見の相違が埋まらないまま，目標値どおりの予測値が提出された時があった。この状況を何とか本社の経営側に伝えようと，本社CFO組織内でのレビューで，悪化リスクを勘案した別の予測値を報告した。そして，結果はほぼその予測どおりとなった。ところが，事業部の結果が目標値を下回ったことに関して，本社から厳しい注意を受けた。リスクを見込んだ予測値をCFO組織内のレビューで報告していたので，なぜこうした注意を受けるのか，最初はよく理解できなかった。

その後にわかったことは，問題の１つは報告の方法に公式性が欠けていたことであった。予測値の変更は事業部長を通じた正式なルートを通す必要があり，CFO組織内のミーティングで話しても，FP&A部門からの保守的なリスク報告として扱われてしまったのである。

事業部長の予測値を正式に変えられなかったことは，FP&Aリーダーとしての力不足であるが，どんなに話し合っても，意見の違いを解消できないことがある。しかし，ここでもう１つの重要なことを指摘された。事業部長が目標値から数値を下げなかった目的に対して，FP&Aリーダーとしてどこまで貢献できたかであった。下方修正した数値どおりに着地することが目的なのではなく，目標値の達成，または少しでもそこに近づけることが目的である。予測の正確性は重要であるが，期末間近のタイミングでは，少しでも結果を向上させることが一層重要になる。結果を最適化するために，どこまで事業部に入り込めたかが問われたチャレンジであった。

（5） FP&Aプロフェッショナルの大きな可能性

ビジネスパートナーという役割が適切に機能すると，個人，部門，そして企業において以下のような利益が生まれると考えられる。

（1）「個人における利益」とは，チーム内のメンバーとの関係の中でビジネスパートナーとしてのスキルを向上させることで，
- 個人の目標とビジネスの目標の整合
- 業務の幅の広がり
- 組織内・組織外の人との関係性の強化
- 個人の満足度の向上
- 昇進や昇給の機会の増加

などが実現することである。

（2）「部門における利益」とは，他部門との活動（たとえば，経理部門と人事部門，購買部門と情報システム部門など）においてビジネスパートナーとしての役割を強化することで，
- 協力的な意思決定
- 部門間目標の整合性
- 組織を越えたチームワーク
- 人材の育成

などが向上し，組織としてより高い成果を発揮できるようになることである。

（3）「企業における利益」とは，外部ステークホルダー（たとえば，顧客，サプライヤー，投資家など）との関係においてビジネスパートナーの役割を果たしていくことで，
- 顧客満足度
- サプライヤーのモチベーション
- コスト競争力
- 開発力・技術力

などが向上し，企業の業績・価値が高まることである。

FP&Aが目指す真のビジネスパートナーとしての役割が，上記を牽引するドライバーだといっても過言ではないだろう。FP&Aプロフェッショナルの姿勢と行動が，他部門におけるパートナーシップにも良い影響を与え，組織間・ステークホルダーとの協業が強化され，企業としての競争力の向上が促されると

図表3-14■ビジネスパートナーの役割が広げていく価値

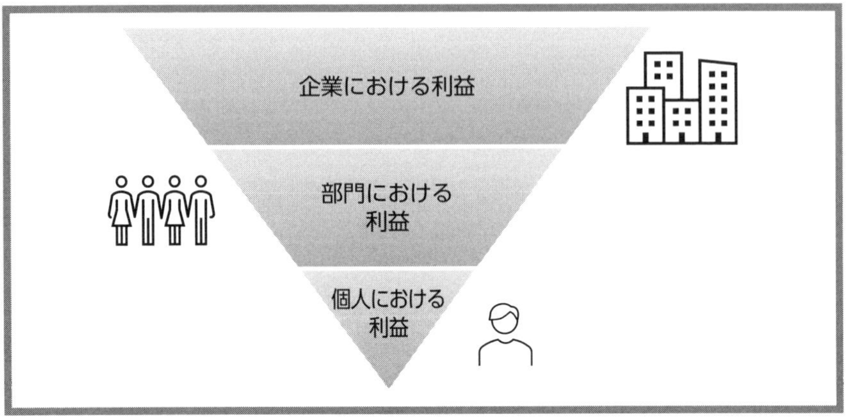

出所：筆者作成。

考えている。

FP&Aプロフェッショナルが目指すゴールは，先にも述べた「真のビジネスパートナー」になることであるが，この域に到達するのは容易ではない。もし筆者がこの域に達しているのかと問われれば，「頭ではわかっていても，行動面ではまだまだ」というのが正直なところである。ただ，今後もこの目標に向けて取り組んでいきたい。なぜならば，自分の取り組み方次第で，企業価値の向上への貢献度合いを高めていくことができるし，役割の範囲と期待値はますます広がっているからである。

最後に本章のまとめとして，筆者から読者に以下のメッセージを送りたい。

- FP&A機能は事業の業績向上に寄与しながら，事業部と本社の連携を強化する重要な役割として欧米系の企業で進化してきた。特に本社，事業部，各国の法人を跨り，グループ経営の最適化を目指すグローバル企業では，FP&Aのスキル，機能，組織が先進的であるところが多い。
- グローバル企業であっても，業種，ビジネスモデル，経営管理手法により，FP&Aの機能，スキル，組織およびそれらの進化度合いはさまざまである。しかしながら，事業部のビジネスパートナーとして業績を向上させ，企業価値の向上に貢献しようとするベクトルは同一である。

- FP&Aが目指すのは「真のビジネスパートナー」であり，結果責任と独立性の両方を保持することが求められる。なぜなら，結果責任と独立性による全体最適への姿勢が，企業価値の向上に大きく寄与するからである。
- 「真のビジネスパートナー」の域に達するのは容易ではないが，ここを目指すことによるビジネスへの貢献度はとても高い。個人の成長への効果も大きい。そして，そのニーズはますます高まっている。FP&Aの役割には大きな可能性があるというのが，筆者の長年にわたるグローバル企業での経験に基づく実感である。

第4章

日本企業の「本社レベル」における FP&A

本章のねらい

- 複数の日本のオーナー系上場企業の事例を通じ，成功した多くの創業経営者のマネジメント方法が，キャッシュ思考と未来思考に基づくFP&A的思考であったことを学ぶ。
- 創業時の企業は「事業＝企業」であり，「事業の最適＝企業の全体最適」となっているが，複数の事業で構成される企業では「事業≠企業」，「各事業の最適≠企業の全体最適」であり，企業の全体最適を追求する「本社」が必要となることを学ぶ。
- 日本企業において，組織が拡大し複数事業を管理する段階になると，組織・事業・現場のサイロ化・部分最適化が進み，創業経営者から「本社」に引き継がれるべきDNAであるFP&A的思考が機能しにくくなることを学ぶ。
- 組織・事業・現場のサイロ化・部分最適化を回避するため，小集団活動を通じた経営者マインドの落とし込みや「本社」による事業価値評価・事業の選択と集中を行っている（いた）企業が存在することを学ぶ。
- 現在はITの活用により，日本企業の強みである「現場力」を可視化し，部分最適化を回避することのハードルが下がってきていることを学ぶ。
- さらに，FP&Aテクノロジー等の進化により，CFO部門がキャッシュの「守護者」，「予言者」，「伝道者」としてFP&Aのフレームワークに基づき「経営力」を強化し，全体最適を推し進めることが容易になってきたことを学ぶ。

- ITによって可視化された「現場力」とFP&Aを実装した「経営力」の両輪を機能させ，一体化させることが，日本企業復活の鍵であることを学ぶ。

1 FP&Aプロフェッショナルのキャリア

まず冒頭で，本章の内容はあくまでも筆者（本田）の個人的な見解に基づくものであり，筆者の所属する組織および所属した組織と無関係であることを明記しておきたい。

本章の筆者（本田）は，日系総合電機メーカーで経理・財務のキャリアをスタートし，その後，日本のオーナー系上場企業でCFO（Chief Financial Officer：最高財務責任者）としての経験を積んできた。

筆者は1990年（23歳），新卒で株式会社東芝に入社し，工場と家電販売店の実習を経て，青梅工場に配属された。当時の青梅工場はパーソナルコンピュータ，ワードプロセッサ，OAシステムコンピュータ等を量産していた。青梅工場では，原価担当として製品部門を任され，現場の責任者とペアを組み，予算策定，予実管理，標準原価設定等の役割を担い，新人とはいえ「製品部門の責任者」としてAccountabilityを持って仕事を進め，設計部門，製造部門と一体となって動くことを求められた。ここでの経験から，筆者は「現場感」と「因数分解」の大切さを学んだ。生産担当や設計担当など，関係各所と密接にコミュニケーションをとり，売上や原価を分解して数字と向き合う姿勢を身につけたことは，その後の筆者の成長を後押ししてくれた。

５年の工場勤務を経て，1995年（28歳），本社部門に異動した。最初は，格付機関対応，財務戦略策定，キャッシュマネジメント，為替予約ルール策定，全社資金繰り，投融資管理等，Treasury領域の業務に従事した。シェアードサービス・カンパニーの設立にも携わった。キャッシュマネジメントの一環として，金融子会社を通じたグループ・ファイナンス制度の導入，コミットメントラインの採用，資金繰り精度の向上等を通じて，手元資金の圧縮等，資金の効率化と有利子負債の削減を推進した。

その後，カンパニー制の経営管理制度の構築に携わり，個別事業およびグループ全体の中期計画・予算策定，業績管理，業績評価等を担った。

個別事業に関しては，コーポレート（本社）の立場から重電，携帯電話，パーソナルコンピュータ，テレビ，インターネット，コンテンツ事業等の管理・指導を担当した。重電事業といった個別受注系の事業から，パーソナルコンピュータやテレビのような量産品事業，あるいはインターネット事業にもわたる多種多様な領域に対応できたのは，東芝経理・財務パーソンに受け継がれてきた「経理・財務は数字だけ見ればいいわけではない。ビジネスモデルを数字に翻訳して，事業の成果につなげていく役割を担わせる」という人材育成方針に基づき，計画的なローテーションによってさまざまな事業を経理・財務人材に経験させるところが大きかった（**図表４－１**）。

図表４－１■ビジネスモデルの翻訳

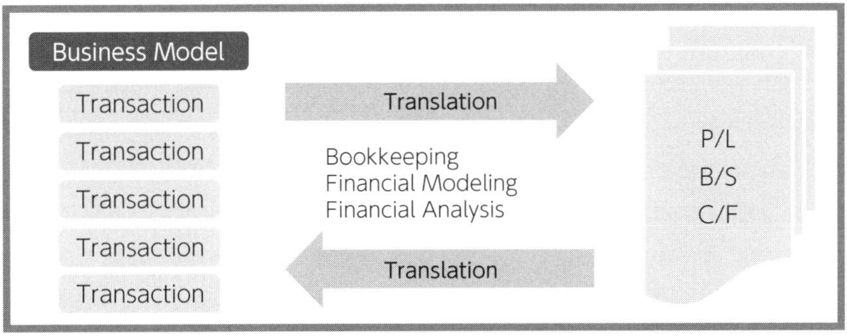

出所：筆者作成。

また，カンパニーに対する目標値，いわゆる「チャレンジ」の策定も行っていた。東芝の不適切会計の報道において，チャレンジは不適切会計を誘発する象徴的な言葉として取り上げられていたが，当時のチャレンジは，達成不可能な無理難題ではなく，一般的なBEP分析に基づく変動費・固定費の改善を求めるものであった。さらに，資産および投資効率改善のため財務モデルに基づくB/S，FCF（フリーキャッシュ・フロー）のターゲット設定も行っていた。

グループ全体の中期計画・予算（当時，売上規模６兆円）の取りまとめにおいては，基本方針・事業ポートフォリオ戦略の策定を担った。具体的には，強化事業・撤退事業の選別やグループ全体の目標値の策定を行った。キャッシュカウとしての岩盤事業（原子力発電に代表される社会インフラ事業）の強化と，ボラティリティの高い半導体事業のような成長事業への投資で持続的な成長を図るのが当時の基本戦略であった。日本企業の多くが半導体事業から脱落していく中，東芝メモリ（現キオクシア）の礎を築いたという事実は高く評価されるべきである。

当時の東芝の財務部では優秀な諸先輩や同僚に恵まれ，自由闊達な雰囲気の中，学ぶことが推奨され，会社の戦略や方向性についてよく議論した。東芝財務部時代の教えに「コンサルタントを使うことは，プロフェッショナルとして失格である」というのがあった。また，稟議が回ってくれば，必ずコメントを書き，自分の意見を明らかにすることも求められていた。とにかく自分の頭で考えることを求められる環境にあった。

その後，2005年４月（38歳），アーバンコーポレイション株式会社（開発型不動産流動化を軸とする不動産会社）に転職した。アーバンコーポレイションでは，財務戦略立案・実行および管理会計制度構築を担当した。

アーバンコーポレイションでは，東芝での経験をもとに中期経営期間での財務調達基本方針をまとめ，調達手段・規模拡大の一環として格上げプロジェクトを進めた。また，事業ポートフォリオ強化戦略の一環としてホールディングカンパニー設立を進めたが，キャッシュ・フローの視点から見た不動産流動化事業のビジネスモデルの限界を感じ，半年で退職することとなった。なお，アーバンコーポレイションは2008年，資金繰りに行き詰まり，民事再生法申請に至っている。

2005年10月（38歳），ファーストリテイリングに移った。外資系企業からの転職者も多く，ここでFP&Aという業務を強く意識して仕事をすることになった。ここではグループFP&A業務（グループ会社経営管理・経営計画策定・財務分析・管理会計制度構築）に加え，国際税務戦略立案などを担当した。

当時のファーストリテイリングは持株会社制度に移行し，M&Aや新規事業により，事業ポートフォリオを広げ，「2010年売上高１兆円」を目指していた。

その中で，月次を基本サイクルとしたKPI（Key Performance Indicator）や報告様式の共通化，日次・週次・月次での業績報告用システムの導入等，経営管理のインフラを整備・構築した。また，新たに月次連結ベースでの経営管理を導入した。ホールディングカンパニー設立においては，ブランドロイヤルティ，サービスフィー，配当等といった持株会社の対価回収スキームを構築した。

ファーストリテイリングにはほぼ３年籍を置いたが，新たなチャレンジをするため，2008年８月（41歳），トランスコスモス株式会社に移った。トランスコスモスはアウトソーシングやインターネット広告を生業とする企業である。

トランスコスモスには，FP&Aの経験・スキルを活かした形で経営企画部担当の執行役員として入社した。入社当初は経営企画部長として拡大中だったグループ企業の数々を経営視点で捉え，トランスコスモスのグループとしての動きを整えつつ，変革や調整を行う役割を果たすことを期待された。

入社して早々にリーマン・ショックに見舞われたが，東芝で学んだ「ビジネスを数字に翻訳して経営に活かす」姿勢や，前職・前々職で培ったストレス耐性を活かし，経営管理，経理，財務，法務，総務，情報システムなど，担当する分野を拡大し，2011年（43歳）にCFOに就任した。

リーマン・ショック直後は，金融機関やアクティビストを含む機関投資家対応に追われた。また，コスト削減のため，BPR（Business Process Re-engineering，業務フローなどの再構築）やバックオフィス業務のオフショア化を進めるとともに，希望退職等のリストラクチュアリングを主導した。過去の自己株式取得により傷ついていたバランスシートの改善に努め，キャッシュ重視の経営への移行を主導した。リーマン・ショックから立ち直ったと思ったところで，東日本大震災に見舞われた。

東日本大震災後は，業務のバックアップ拠点の立ち上げ，手元資金の積み増し等といったBCP（Business Continuity Plan，事業継続計画）の策定に追われた。東日本大震災から回復したのち，Global Digital Transformation Partnerの旗印のもと，拡大戦略に打って出る。

１つは，多様化する企業と消費者の接点を，デジタル技術の活用により，マーケティング，セールス，サポートの境目をなくすことで，顧客体験の向上を支援するサービスの提供，もう１つは，市場や消費者のデジタル化に対応するように，顧客企業内の業務プロセスのデジタル化を支援するサービスの提供である。そして，これら２つをシームレスにつなぎ，お客様企業の変革を支援するものである。海外展開においては，米国，中南米，欧州，中国，東南アジアでの子会社やジョイント・ベンチャーの設立やM&A，資本参加と戦略提携を進めた。

コーポレート（本社）では拡大戦略によるビジネスモデルの多様化に対応して，経営管理手法・組織体制の再構築を進めた。

その後，2019年３月（51歳），トランスコスモスを離れ，現在はロジスティード株式会社の常務執行役員CFOとして，５G（Group，Global，Growth，Governance，Gene）を旗印に企業価値の向上に取り組んでいる。

- Group＆Globalで，Growth＆Governanceに貢献し，グループの企業価値を最大化する。
- 「攻め」と「守り」の仕組みをGene（遺伝子）として継承していく。
- Growthの強化に資する人材を育て，「攻め」の仕組みづくり・「攻め」のDXを推進する。
- Governanceの強化に資する人材を育て，「守り」の仕組みづくり・「守り」のDXを推進する。

これまでの筆者のキャリアを振り返ると最初の５年間は工場で勤務したが，それ以降はコーポレート（本社）部門で，Accounting，Treasury，FP&A等のキャリアを形成してきた。本章では，これまでの筆者の経験から，日本企業の「本社」レベルにおけるFP&Aについて考察していく。

2　日本のオーナー系上場企業の創業者とFP&A

日本企業の本社レベルのFP&Aについて考察する前に，日本のオーナー系上場企業の創業経営者について考えてみたい。筆者自身，アーバンコーポレイション，ファーストリテイリング，トランスコスモスというオーナー系企業３社の経験から，成功した創業経営者の思考そのものがFP&A的であると実感しているからである。成功した多くの創業経営者のマネジメント方法は「キャッシュ思考」と「未来思考」に裏打ちされたFP&A的手法である。

経営戦略において「カネ」に焦点を当てたものが財務戦略であり，創業経営者にとって事業計画と財務計画は両輪となる。卓越した創業経営者は，自ら立案した経営戦略と財務戦略のもと，ビジネスモデルを財務モデルに変換し，経営に邁進する（**図表４-２**）。そこでポイントとなるのが「キャッシュ思考」と「未来思考」である。

図表４-２■経営戦略と財務戦略

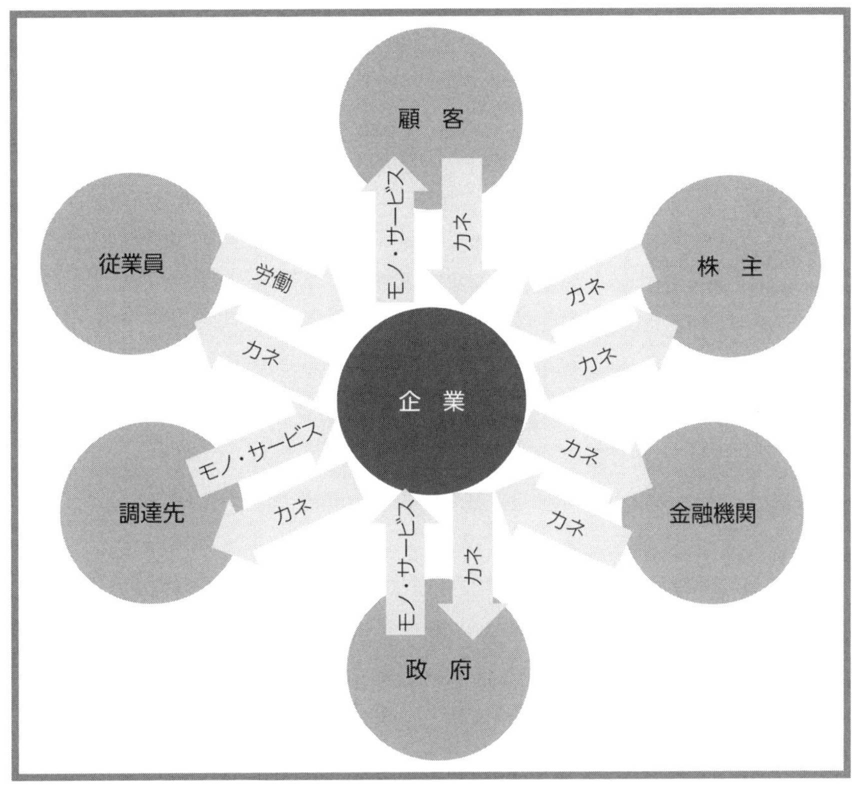

出所：筆者作成。

ここで創業経営者の言葉として，京セラの稲盛和夫氏の著書『稲盛和夫の実学　経営と会計』からの言葉を引用したい。

「会計というものは，経営の結果をあとから追いかけるためだけのものであってはならない。いかに正確な決算処理がなされたとしても，遅すぎては何の手も打てなくなる。会計データは現在の経営状態をシンプルにリアルタイムに伝えるものでなければ，経営者にとっては何の意味もないのである。」

「本来的には事業活動から得られる利益こそが『キャッシュ』の大きな源泉である。だから，もし会計学が『キャッシュ』とは完全に切り離された決算上の『利益』を計算するものでしかないのなら，実際の経営には使えない無用の学問ということになりかねない。」（稲盛（1998））

ここから示唆されるのは，足元のキャッシュの重要性である。合理的な経営判断をスピーディに実行するためには，P/L（損益計算書）だけでなく，足元の現在のキャッシュの状況をリアルタイムに把握する必要がある。“Cash is king”であると同時に“Profit is an opinion, Cash is a fact”である。

次に，日本電産の永守重信氏の言葉を著書『情熱・熱意・執念の経営』から紹介したい。

「あのプロジェクトにこんな問題が生じたら，こう対処するといったように，最悪の事態を想定しながら二十四時間，頭の中で経営のシミュレーションを繰り返し，夢の中でも会社のことを考え続けてはじめて，管理者から経営者への扉が開かれるのです。」

「経営者は常に自社の財務状況を正確につかみ，どれぐらいの資金を投資に振り向けることができるのか，また，いつまでに，どのような方法で回収するのかといった計数感覚が身についていなければ，経営者は務まりません。」（永守（2005））

ここから示唆されるのは，未来のキャッシュの重要性である。未来のキャッシュを予測できなければ適切な経営判断はできないということである。現在のキャッシュの状況を正確に把握し，将来のキャッシュを予測する。まさにFP&A的である。

日本企業の創業経営者の成功例として，頻繁に取り上げられる稲盛氏と永守氏は，ともにFP&A的なキャッシュ思考と未来思考をもとに事業を拡大してきたといえよう。つまり，少なくとも日本で成功した創業経営者の頭の中にはFP&A的な思考様式が存在していること，すなわち日本企業にもFP&A機能が存在していることを示している。

3　企業の成長過程

続いて，企業の成長過程を俯瞰してみたい。企業は成長するにつれ，創業経営者が担ってきた機能を複数の組織・メンバーで分担する必要性が生じるが，機能分化の過程の中で，経営者の頭の中にあったFP&A的機能がどのような変遷をたどるかを考察したいからである。

どのような企業でも，最初は創業者および創業者の同志から構成される小集団，いわば個人商店からスタートする。企業の創業時は，経営者が個人商店主として，企業の「全取引」を管理・統制する。

企業が拡大し，事業運営が複雑化すると，個人商店から組織経営への移行が必要となる。

図表4-3■個人商店から組織経営へ

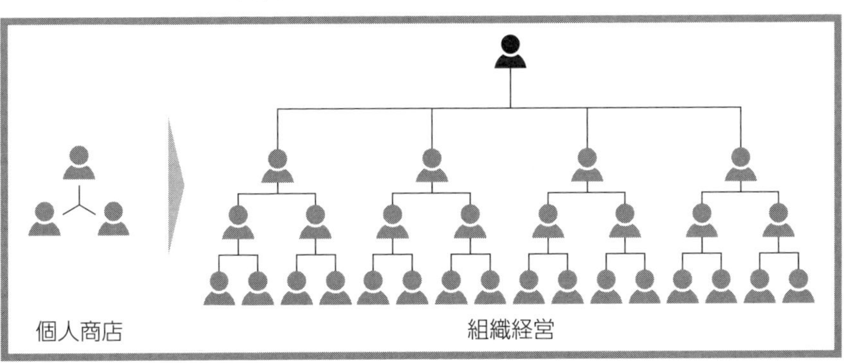

出所：筆者作成。

ここで再び京セラの稲盛和夫氏の言葉を，その著書『アメーバ経営』から紹介したい。

「会社がまだ小さなときには，たとえ忙しくても，経営者が会社全体をひとりで見ることができる。」（稲盛（2006））

創業時は営業から管理，研究開発といったすべての機能を１人で担うわけである。次に，日本電産の永守重信氏の言葉をその著書『情熱・熱意・執念の経営』から取り上げる。

「ホンダの本田宗一郎氏と藤沢武夫氏の関係のように，自分にない能力はよきパートナーで補うことが大切です。」（永守（2005））

さらに，ファーストリテイリングの柳井正氏の言葉を『一勝九敗』から引用する。

「どんなに優秀な経営者で，たとえ小さな会社であったとしても，すべての業務を一人で完璧に操りフォローできるということはありえない。」（柳井（2003））

企業が成長すると，経営者１人で企業の一挙手一投足をコントロールできなくなるため，他の誰かの助けが必要になるということは，創業経営者なら誰もが経験することであり，これらは組織経営の必要性や重要性を示唆する言葉だと思う。

しかし，組織経営は，放置すると各組織がサイロ化し，経営陣と現場の意識とが乖離し，無責任経営に陥る危険性がある。「隣は何をする人ぞ」となり，社員にとって経営陣が「雲の上の存在」となってしまう（**図表４-４**）。

無責任経営を回避するためには，社員１人１人が“経営者マインド”を持ち，自立・自律する必要がある。成功した企業は，“経営者マインド”を組織に落とし込む工夫をし，小集団単位で利益を意識させるように努める。その事例がアメーバ経営である。再び稲盛氏の言葉を紹介したい。“経営者マインド”の大切さを示している。

「会社の規模が拡大し，経営者や各部門の責任者が会社全体を管理することが不可能となったときでも，組織を小さなユニットオペレーションに分けて，独立採算にしておけば，そのリーダーが自分のユニットの状況を正しく把握できる。（中略）小さなユニットであっても，その経営を任されることで，リーダーは「自分も経営者のひとりだ」という意識を持つようになる。」（稲盛（2006））

図表4-4■「大企業病」の発生

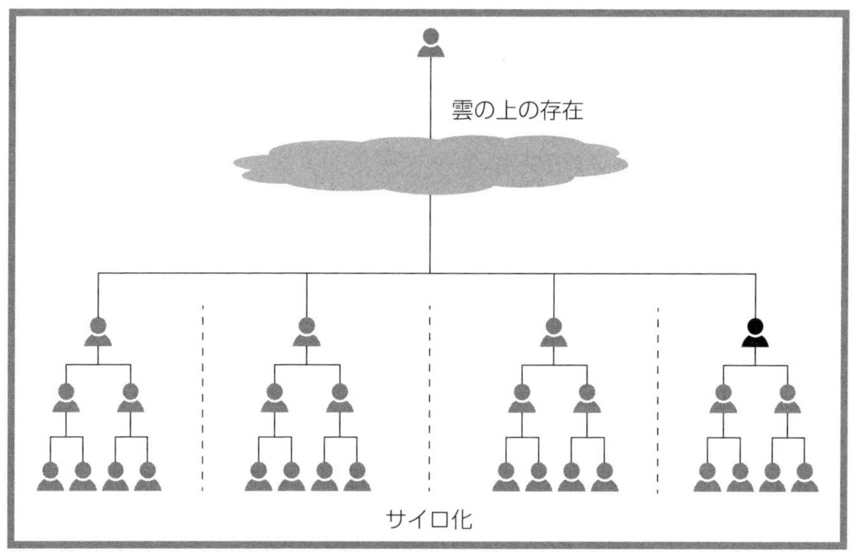

出所：筆者作成。

社員1人1人が“経営者マインド”を持ち，小集団で活動する場合，その暴走を防ぐため，一定の規律が必要である。成功した創業経営者の思考様式や経営手法を仕組みとして企業に定着させる必要がある。

企業が活動するためには，経営資源として「ヒト」と「モノ」，そして「カネ」が必要である。これらの経営資源を企業活動という「プロセス」を通じて企業価値を創出する。経営資源を無駄遣いすることなく，有効に活用するには一定の基準が必要である。「ヒト」，「モノ」，「プロセス」の基準，いわば原理・原則を体系化しなければならないわけである。これらの基準を「カネ」と関連づけ，事業成長を促進する。このような経営手法を仕組み化したものが管理会計である。

しかし，残念なことに多くの日本企業の管理会計は「キャッシュ思考」や「未来思考」に裏打ちされたFP&A的フレームワークから極めて遠い存在になってしまっている。P/L中心でC/F（キャッシュ・フロー計算書）やB/S（貸借対照表）が置き去りになり，キャッシュ配分の全体最適が実現しにくい構造に陥っている。部分最適の罠にはまり，結果として，低い資本効率に象徴される経営資源の無駄遣いを引き起こしてしまっている。その要因については後述する。

図表4-5■経営者の経営手法の仕組み化

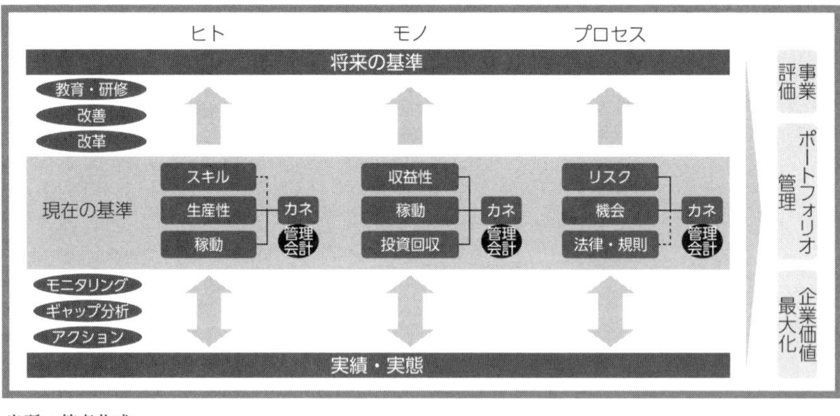

出所：筆者作成。

個人商店の次のステップは，単一事業の企業に移行することである。単一事業型企業では本社部門は事業部門である。単一事業型企業のFP&Aでは商品構成や案件の最適化による事業価値の向上を目指す。単一事業の場合，事業運営上，重要な基準やKPIを明確にして，日常のオペレーションに落とし込み，事業規模を拡大していくことが重要である。

一方，企業が複合事業型に移行すると，各事業の価値向上に加え，事業ポートフォリオの最適化による企業全体の価値向上を目指すことになる。ここでは事業を評価する本社部門の役割が重要となる（**図表4-6**）。

図表4-6■単一事業型企業のFP&Aと複合事業型企業のFP&A

	単一事業型	複合事業型
企業価値	事業価値＝企業価値	事業価値の総和≒企業価値
FP&A機能	事業価値の極大化（商品構成や案件の最適化） 事業の多角化	事業部FP&Aの役割は事業価値の極大化 コーポレートFP&Aの役割は企業価値の拡大化（ポートフォリオの最適化）

出所：筆者作成。

「キャッシュ思考」や「未来思考」を反映したFP&Aの観点からは，事業部門と本社部門の間の共通言語として，P/Lだけではなく，B/SやC/Fも必須である。各事業のビジネスモデルをP/L・B/S・C/Fに分解された財務モデルに翻訳する仕組みを作り，翻訳されたP/L・B/S・C/Fに基づき事業を評価し，経営の意思決定の支援を行うのが本社部門のFP&Aの重要な役割である。

事業価値のベースとなるのが各事業のキャッシュ創出力である。事業を計数に翻訳するためのツールが，単位当たり売上・コスト，事業部門別プロフィットツリー・ROICツリー，ヒト・モノの稼働・未稼働分析，事業部門別投資回収，事業部門別運転資本といったものになる（**図表4-7**）。

各事業には，それぞれの特徴を反映した経営戦略と財務戦略が必要である。そして，各事業はビジネスモデルと財務モデルに分解され，各事業のFP&Aはそれぞれの事業の財務モデルを活用して，事業価値の最大化に邁進する。そして，本社部門のFP&Aは各事業のキャッシュ・フローの創出力に基づき，事業価値を的確に評価し，事業ポートフォリオを最大化し，企業価値を向上させる（**図表4-8**）。

図表4-7■本社（コーポレート）と事業部門の役割

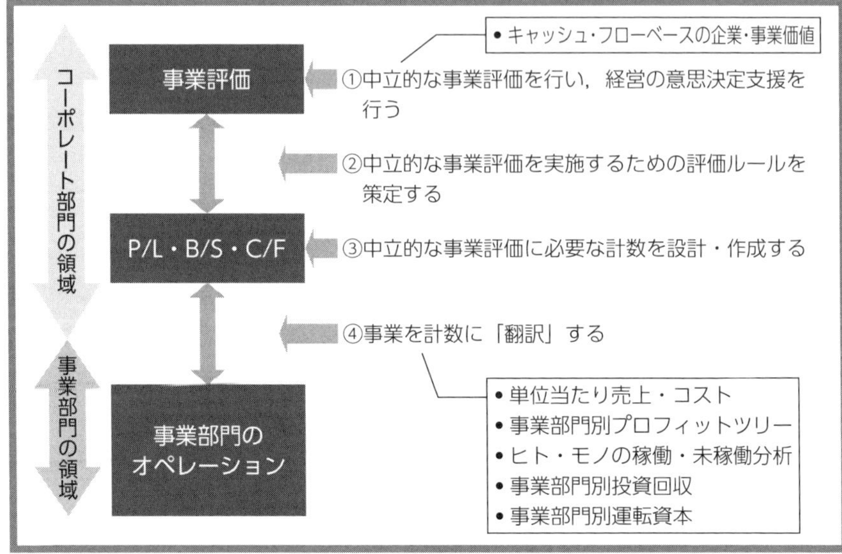

出所：筆者作成。

図表4-8■コーポレート（本社）と事業ポートフォリオ・マネジメント

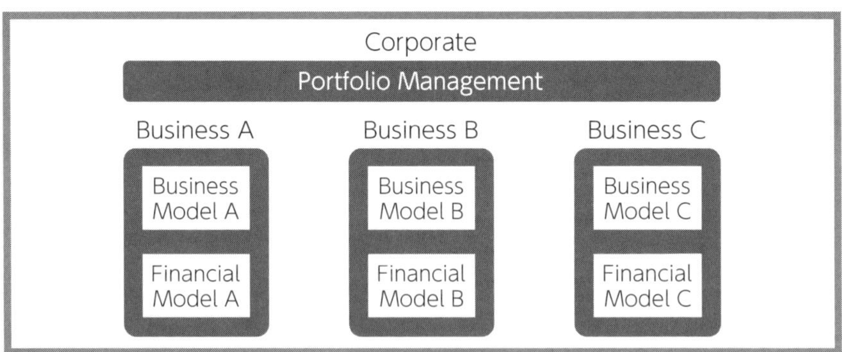

出所：筆者作成。

4 日本企業の「本社」レベルにおけるFP&Aの実例

ここでは，本社部門のFP&Aの実例として総合電機メーカーの東芝とオーナー系企業のトランスコスモスを取り上げる。

(1) 東　芝

過去，数回にわたる経営危機を克服してきた東芝では，資金に窮した経験値がDNAとして受け継がれてきた。そのDNAの１つがFP&A的な組織であったと考えている。筆者が在籍していた当時の東芝ではコーポレートCFOの下にカンパニー経理を配し，事業部門に対し，牽制・統制を効かせていた（**図表4-9**）。

図表４-９■筆者在籍時の東芝の財務部門の組織イメージ

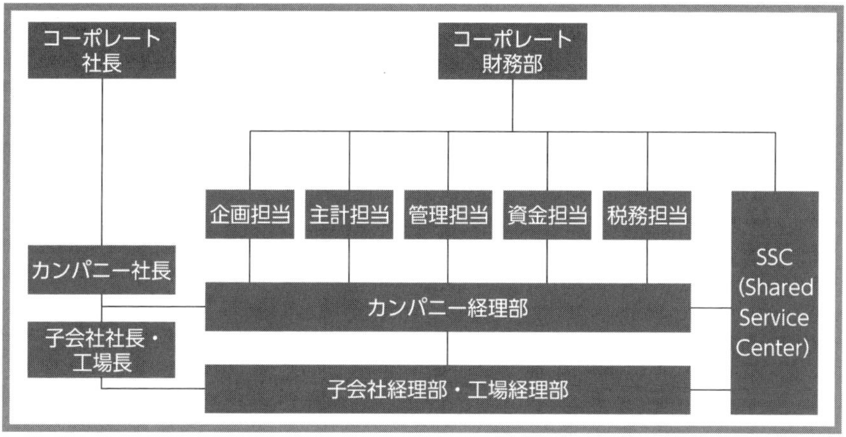

出所：筆者作成。

また，当時の東芝では，本社の財務部管理担当がコーポレートのFP&A機能を果たし，カンパニーに対するP/L・B/S・C/Fのチャレンジを作成するなど，事業ポートフォリオ戦略に積極的に関与していた。ここでは，2000年前後の東芝の取り組みを振り返ってみたい（**図表４-10**）。

図表4-10■筆者在籍時の東芝のFP&Aの取り組み

1999	2000	2001
社内カンパニー制の導入 •「キャッシュ・フロー経営」を最重要課題の1つとして位置づけ •各カンパニーが自立・自律的に連結経営を完結させるための仕組み •各カンパニーに年間キャッシュ・フローのプラスを目標とした収支管理を促進 •業績評価においてキャッシュ・フロー計画達成度のウェイトを高くする制度改定を実施	カンパニー別連結財務諸表の導入 •管理と制度同一の連結範囲，同一の連結手続，同一のシステムによる月次決算の導入 •300数十社の連結手続をフル連結ベースで毎月行い，同時に「カンパニー別連結財務諸表」を作成 •連結ベースでの損益，資産・負債，投下資本を明瞭化 •競合他社セグメントとの比較や事業の分析・バリュエーションにも有用な財務データを提供	TVCの導入 •投下資本に対するコストを意識した「企業価値創造経営」への昇華 •事業に使用している連結投下資本に対してステークホルダーが求めるリターンを意識させるという「資本コストマネジメント」の展開 •個々のカンパニーや事業の評価に用いることを主目的とするために，「資本コスト率」をカンパニーごとに設定 TVC経営の展開 •投下資本コストを上回る「TVC>0」を事業の目標として設定 •TVCを尺度として事業撤退・再編を見極めるポートフォリオ・マネジメント •WACCをハードルレートとしたDCF法による投資案件の評価と効果のモニタリング •TVCマイナスカンパニーへの自主裁量事業投資枠配分の制限 •TVCをメインの評価尺度（ウェイト80%）とする部門業績評価への改定 •経営幹部層へのTVC連動型ポジションリンク年俸制の導入

出所：門坂（2001）より筆者作成。

当時，投資効率の悪い事業分野をあぶり出し経営資源の選択と集中のスピードを高めていくことが企業経営において求められていた。そのため，連結経営管理に有意なデータやツールを提供し定量的に評価することで，経営者の迅速かつ的確な意思決定をサポートすることが東芝財務部門の重要なミッションとされていた。

東芝は1999年，社内カンパニー制を導入した。「キャッシュ・フロー経営」を最重要課題の１つとして位置づけ，各カンパニーが自立・自律的に連結経営を完結させるための仕組みであった。

各カンパニーには，年間キャッシュ・フローをプラスとすることを目標とした収支管理を促進し，業績評価においてキャッシュ・フロー計画達成度のウェイトを高くする制度改定を実施した。こうした動きの中で，各カンパニーにとって損益計算書上の売上高や損益項目だけでなく，棚卸資産や有利子負債といった貸借対照表項目が経営上，重要になった。

また，2000年にはカンパニー別連結財務諸表を導入した。カンパニー別連結財務諸表の作成にあたっては，管理と制度同一の連結範囲，同一の連結手続，同一のシステムによる月次決算を導入した。

300数十社のグループ会社の連結手続を毎月行い，“カンパニー別連結財務諸表”を作成し，連結ベースでの損益，資産・負債，投下資本を明瞭化させた。競合他社セグメントとの比較や事業の分析・バリュエーションにも有用な財務データを提供するものであった。

さらに，2001年にはTVC（TOSHIBA Value Created/東芝版EVA®）の導入に至る。これは，投下資本に対するコストを意識した「企業価値創造経営」への昇華であった。事業に使用している連結投下資本に対してステークホルダーが求めるリターンを意識させるという“資本コストマネジメント”の展開であり，個々のカンパニーや事業の評価に用いることを主目的とするために，資本コスト率をカンパニーごとに設定した。

TVC経営の展開にあたっては，マクロ的なリザルト・マネジメントを基本に，投下資本コストを上回る「TVC＞０」を事業の目標として設定，TVCを尺度として事業撤退・再編を見極めるポートフォリオ・マネジメントを行い，WACCをハードルレートとしたDCF法による投資案件の評価と効果のモニタリングを実施した。

TVCマイナスカンパニーへの自主裁量事業投資枠配分を制限し，TVCをメインの評価尺度（ウェイト80%）とする部門業績評価への改定も行い，経営幹部層へのTVC連動型ポジションリンク年俸制を導入した。

以上の内容は「伊藤レポート」を先取りするものであり，当時の日本において先駆的な取り組みであったともいえる。

加えて，コーポレート・ガバナンスの観点から，日本コーポレート・ガバナンス研究所のJCG Index調査報告における東芝の評価を紹介したい。2004年から2013年のJCG Index調査報告によれば，東芝のコーポレート・ガバナンスの評価（2014年は14位）は常にトップクラスであった。

1998年にいち早く執行役員制度を導入，2000年には任意の指名委員会・報酬委員会を設置，2001年に社外取締役3名体制，取締役任期1年に短縮，2003年に委員会設置会社へ移行するなど矢継ぎ早に改革を実施した。いわば，日本のコーポレート・ガバナンスの優等生として評価されていたわけである（**図表**

図表4-11■東芝のコーポレート・

<table>
<tr><th></th><th>2004</th><th>2005</th><th>2006</th><th>2007</th><th>2008</th></tr>
<tr><td>1位</td><td>東芝</td><td rowspan="2">東芝，野村ホールディングス</td><td>野村ホールディングス</td><td>東芝</td><td>東芝</td></tr>
<tr><td>2位</td><td>帝人</td><td>東芝</td><td>大和証券グループ本社</td><td>大和証券グループ本社</td></tr>
<tr><td>3位</td><td>ソニー</td><td>ソニー</td><td>日興コーディアルグループ</td><td>オリックス</td><td rowspan="3">ソニー，スミダコーポレーション，イオン</td></tr>
<tr><td>4位</td><td>日興コーディアルグループ</td><td>大和証券グループ本社</td><td>大和証券グループ本社</td><td rowspan="2">帝人，イオン</td></tr>
<tr><td>5位</td><td>オムロン</td><td rowspan="2">エーザイ，オリックス</td><td>スミダコーポレーション</td></tr>
<tr><td>6位</td><td>三洋電機</td><td>オムロン</td><td rowspan="3">コニカミノルタホールディングス，ソニー，ニッセンホールディングス</td><td>双日</td></tr>
<tr><td>7位</td><td>オリックス</td><td rowspan="2">新生銀行，オムロン</td><td rowspan="2">エーザイ，新生銀行</td><td rowspan="4">帝人，オムロン，ニッセンホールディングス，パルコ，ベネッセホールディングス</td></tr>
<tr><td>8位</td><td rowspan="2">コニカミノルタホールディングス，大和証券グループ本社</td></tr>
<tr><td>9位</td><td rowspan="2">帝人，日興コーディアルグループ</td><td rowspan="2">帝人，ソニー</td><td rowspan="2">りそなホールディングス，ベネッセホールディングス，オムロン</td></tr>
<tr><td>10位</td><td>松下電工</td></tr>
</table>

（※） 公表を希望しない会社数。

出所：日本コーポレート・ガバナンス研究所のHPより筆者作成。

4-11)。

当時の東芝の資本コストマネジメントの例として“01アクションプラン”を紹介したい。“01アクションプラン”は2001年，IT事業を中心とした経営環境の急激な悪化に対応し，グループ経営体質の早期強化を図るため，「競争力強化」，「軽量化経営」，「コーポレート・イニシアチブ」を柱とした短期的視点からの経営施策と中期経営計画の前倒しを中心に据え，策定されたものである。

その中で，東芝は「産業・社会」，「個人」，「部品」の３領域で事業構造見直しの方向づけを行い，３領域をあわせもつ強い「複合電機メーカー」を目指すこととした。

ガバナンス

<table>
<tr><th>2009</th><th>2010</th><th>2011</th><th>2012</th><th>2013</th><th>2014</th></tr>
<tr><td>東芝</td><td>ソニー</td><td>ソニー</td><td rowspan="2">スミダコーポレーション，ニッセンホールディングス</td><td>エーザイ</td><td>ソニー</td></tr>
<tr><td rowspan="4">ソニー，スミダコーポレーション，イオン，大和証券グループ本社</td><td>スミダコーポレーション</td><td>東芝</td><td>いちよし証券</td><td>いちよし証券</td></tr>
<tr><td rowspan="2">ニッセンホールディングス，大和証券グループ本社</td><td>TDK</td><td>１社（※）</td><td>ニッセンホールディングス</td><td>損保ジャパン日本興亜Ｈ</td></tr>
<tr><td>ニッセンホールディングス</td><td rowspan="2">宇部興産，エーザイ</td><td rowspan="2">資生堂，スミダコーポレーション</td><td>スミダコーポレーション</td></tr>
<tr><td>オムロン</td><td>大和証券グループ本社</td><td rowspan="2">オムロン，ニッセンホールディングス</td></tr>
<tr><td>ニッセンホールディングス</td><td>東芝</td><td>スミダコーポレーション</td><td rowspan="3">資生堂，東芝，オムロン</td><td>日本板硝子</td></tr>
<tr><td>帝人</td><td>パルコ</td><td rowspan="2">宇部興産，野村ホールディングス</td><td rowspan="2">東芝，ソニー</td><td>１社（※）</td></tr>
<tr><td>パルコ</td><td rowspan="3">帝人，エーザイ，リコー，オリックス，野村ホールディングス，いちよし証券</td><td rowspan="2">エーザイ，コニカミノルタ</td></tr>
<tr><td rowspan="2">オムロン，りそなホールディングス</td><td rowspan="2">いちよし証券，三菱電機，他１社（※）</td><td rowspan="2">ソニー，リコー，メイテック</td><td rowspan="2">コニカミノルタ，日立製作所</td></tr>
<tr><td>りそなホールディングス</td></tr>
</table>

勝ちパターン事業モデルによる構造改革として，事業分野ごとに，今後の進むべき方向を，(1)独力で展開する「イノベータ型事業」，(2)強いコアをもち，かつ外部リソースとの組み合わせにより展開する「インテグレータ型事業」，(3)特定機能に特化した展開を図る「プラットフォーム型事業」に分類し，事業構造の抜本的見直しを実施した。

さらに，TVCによる事業再編として，TVCによる事業の選択基準を明確化し，事業の再建・整理を進めた。選択基準は2半期連続でTVC絶対値マイナスの事業を「要注意事業」に指定し，TVCがマイナスで4半期連続で悪化した場合には，当該事業を「選択事業」として整理の対象とするものであった。

改めて「イノベータ」，「インテグレータ」，「プラットフォーム」というキーワードを見ると，現在でもよく目にする言葉であり，現代の経営戦略といわれても違和感のないものである。時代を先取りしていたともいえよう。

筆者は2005年に東芝を退職したが，その後，東芝は不適切会計を取りざたされることとなる。不適切会計に関する第三者委員会の調査報告書によれば，以下が不適切会計の直接的原因である。

① 経営トップらの関与を含めた組織的な関与
② 経営トップらにおける「見かけ上の当期利益の嵩上げ」の目的
③ 当期利益至上主義と目標必達のプレッシャー
④ 上司の意向に逆らうことができないという企業風土
⑤ 経営者における適切な会計処理に向けての意識または知識の欠如
⑥ 東芝における会計処理基準またはその運用に問題があったこと
⑦ 不適切な会計処理が外部から発見しにくい巧妙な形で行われていたこと

FP&Aの独立性は極めて重要である。東芝の場合は，経理部門の独立性も担保しつつ，事業に対してもコミットしていくという完全なデュアルレポートの体制が本来あったはずである。

しかしながら，東芝アニュアルレポート2015にはガバナンス体制，再発防止策等についての対応状況として，財務部門の組織改革として「財務部門の内部統制機能を強化するために，従来社内カンパニー社長が有していた社内カンパニーの財務統括責任者（CCFO）の人事承認権，人事評価権をいわゆる最高財務責任者（CFO）としての財務部担当執行役に移管し，財務会計機能の独立性を担保しています」との記述がある。これは不適切会計によって失われてしまった東芝経理・財務部門の牽制機能回復の取り組みといえよう。

自分の人事や評価を握っている人に対して，NOというのは難しいことである。経理・財務部門の独立性が担保されなくなった結果，経営トップの暴走を許してしまったことも不適切会計の要因の１つではないかと推察している。

経営トップの問題により，東芝が苦境に追い込まれてしまったのは極めて残念なことである。しかし，この問題を東芝固有の問題として片づけてしまってはならない。少なくとも東芝は2000年前半，他の日本企業に先駆けて，コーポレート・ガバナンス改革や資本コストに基づくポートフォリオ経営に取り組もうとしていたのは事実である。仮に経営トップの暴走がなく，ポートフォリオ経営に真摯に取り組むことができていれば，日本における先進的取り組み事例として，高く評価されていたかもしれない。

東芝の例は，経営トップの指名の責任の重さとともに，大多数の日本企業の他者・他社追随の姿勢を浮き彫りにする。東芝が改革に成功していれば，他社も追随したに違いないだろう。

逆にいえば，現代の日本においていまだに資本コスト経営が取りざたされている現実は，何もしてこなかった日本の象徴であり，悲しむべきことである。まさに失われた30年である。他者・他社追随の姿勢は，自立・自律できない周回遅れのランナーしか作らないことを改めて認識すべきである。

多くの自己改革能力に欠けた30周回遅れのランナーたちが，「株主」や「伊藤レポート」といった外圧を起点に形式的な改革でお茶を濁して，過去の会計ビッグバンやJ-SOX導入の轍を踏まないことを祈るばかりである。

（2）トランスコスモス

トランスコスモス株式会社は，奥田耕己氏が創業したデジタルマーケティング事業，EC事業，コールセンター事業，BPO事業などを展開する企業である。webソリューション，コールセンター，BPOは国内最大手である。トランスコスモスはデータエントリー事業を祖業とし，アウトソーサーとして事業領域を拡大し，デジタル領域に参入し，事業を多角化してきた。

創業者が過去，資金に窮した経験から，祖業のデータエントリー事業において案件ごとのきめ細かい人材管理手法・収支管理手法を確立し，これを新たな事業領域にも移植し，成長を支えてきた。人材管理と収支管理は密接に結びついており，より生産性の高いメンバーに報いるというコンセプトで設計されていた。

図表4-12■マイクロマネジメントとマクロ的なマネジメント

現場・事業
可視化
事業運営のためのKPI
財務モデル ROICツリー
事業価値評価のためのKPI
現場・事業運営データ
統合
会計データ
マイクロマネジメント
融合
マクロ的なマネジメント

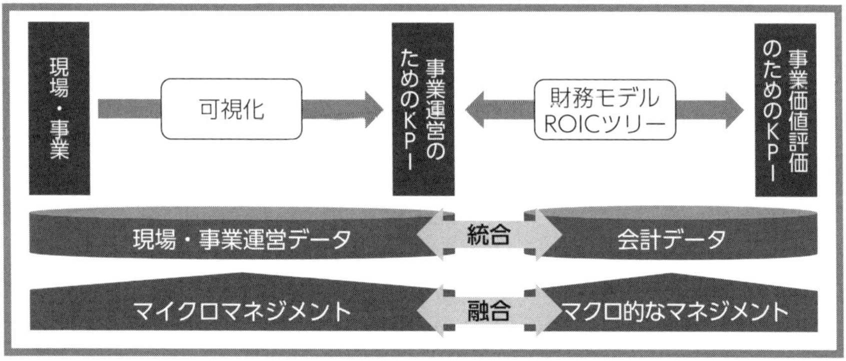

出所：筆者作成。

トランスコスモスでは現場・事業の収支を徹底的に可視化するとともに，全体を大きく俯瞰し，良いところを伸ばし，悪いところに手を入れる，そして事業の集積としての企業価値を上げるという経営サイクルが実践されていたといえる。木も森も見る，いわばマイクロマネジメントとマクロ的なリザルト・マネジメントを両立させていた。この点は，リザルト・マネジメントをコンセプトにマクロ的なマネジメントを進めようとしていた東芝の本社部門と違う点である。全体を俯瞰し「悪いものから順に並べて手を打つ」イメージである。コンセプト的には後述するEPM（Enterprise Performance Management）に近いといえる。

また，OtoCやPtoPといった業務プロセス全体をコントロールすることの重要性をことあるごとに創業者から教えられた。組織間をつなぐ業務プロセスを上流から下流まで俯瞰して捉えることにより組織のサイロ化を防ぎ，各組織の責任経営が可能になるからである。イメージは後述するERM（Enterprise

Risk Management）に近い。

責任経営における受注・発注の本質は，ラインの収支・品質・取引条件に対する責任宣言である。本社は，決裁（取引条件）と社外エビデンス（契約，発注書・検収書・請求書，入出金）との整合性チェックにより不正を防止する役割を担っている（**図表４-13**）。

図表４-13■トランスコスモスの責任経営

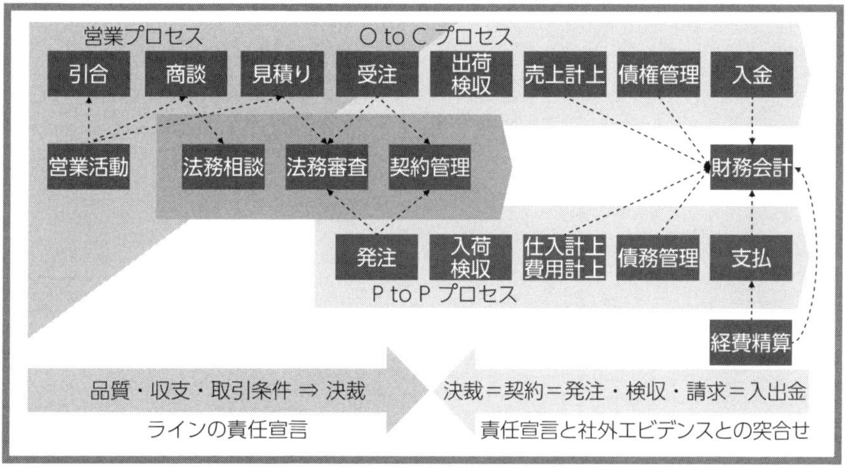

出所：筆者作成。

創業者の現場重視の姿勢は，組織図の考え方に表れている。一般に企業の組織図は経営陣を一番上に置いた三角形のピラミッド型をしている。一方，創業者の考える組織図は現場を一番上に置いた逆三角形をしている（**図表４-14**）。

創業者の教えを踏まえ，筆者はトランスコスモスにおいて，Process ControlとPerformance Managementを柱に仕事を進めた。Process ControlとPerformance Management

図表４-14■トランスコスモスの組織図の考え方

出所：筆者作成。

は企業活動の両輪である。事業の拡大・複雑化に伴い，創業者の分身として，Process ControlとPerformance Managementを遂行し，ステークホルダーに対する説明責任を担保する組織経営が必要になる。

Process Controlとは，

- 全取引が不正なく，リスクが適切かつ効率的にコントロールされている
- 全取引がグループ内外から見て，正しく評価・判断できるよう，効率的に記録・処理されている

ことである。

Performance Managementとは，

- 全取引が，グループ内外から見て，正しく評価・判断できるよう，効率的に記録・処理されている
- 経営状況を正しく評価・判断できるよう，効率的に記録された，リスク情報，会計情報，資金状況，投資回収状況，意思決定情報，契約情報などを共通言語としたコミュニケーションがグループで実施され，適切なアクションがタイムリーに取られている

ことである。

企業活動のアウトプットとしての企業価値を最大化するには，Process ControlとPerformance Managementが有効に機能することが必要である。トランスコスモスにおけるCFOは，Performance Managementを軸に選択と集中を行う「企業内ファンドマネジャー」であり，社外に対しては，Process Controlで品質保証した「会社」という金融商品の「セールスパーソン」であったと思う（**図表4-15**）。

筆者は，トランスコスモスにおいてProcess Controlを強化するために，

- ビジネスモデルの多様化・事業のグローバル化と内部統制の両立に迅速に対応するため，クラウド上の共通基盤で，事業部門とグループ会社をリアルタイムで牽制する

Performance Managementでは，

- ビジネスモデルの多様化・事業のグローバル化を加速するため，クラウド上の共通基盤を活用し，従来の「会社単位の管理」に加え，「組織・会社横断的なビジネスモデル単位での事業ポートフォリオ管理」へ移行し，ス

ピード感をもったポートフォリオ経営を実践することを推進し，企業価値向上に取り組んだ。

図表４-15■Process ControlとPerformance Management

Process Control

Input

Output

Performance Management

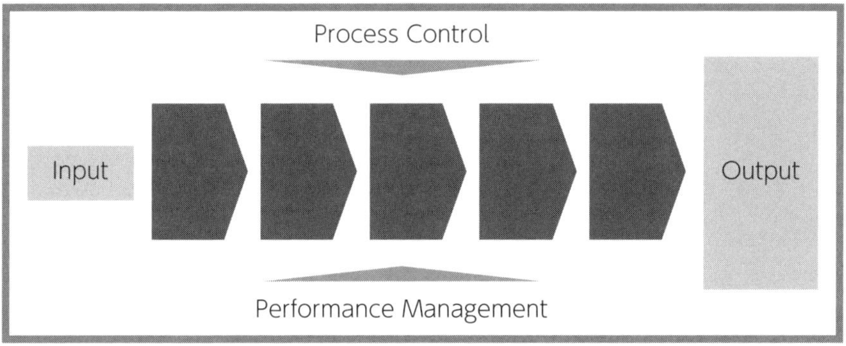

出所：筆者作成。

また，トランスコスモスでは，シリコンバレーなどデジタル領域の先端テクノロジーを日本に移植するためにベンチャー投資を積極的に展開していた。筆者は投資においては投資案件の厳選と財務規律の遵守を常に意識していた。

図表４-16■投資サイクル

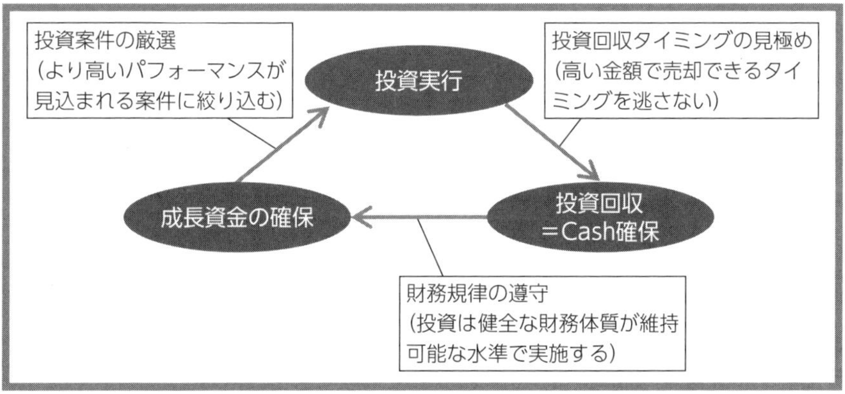

投資案件の厳選
(より高いパフォーマンスが見込まれる案件に絞り込む)

投資実行

投資回収タイミングの見極め
(高い金額で売却できるタイミングを逃さない)

成長資金の確保

投資回収
=Cash確保

財務規律の遵守
(投資は健全な財務体質が維持可能な水準で実施する)

出所：筆者作成。

特にM&Aにあたっては，筆者は「見立て」，「見届け」，「見切り」を大事にしていた。「見立て」とは，リターンが低ければやらない，やれないということである。「見届け」とは，リターンの実現をやりきる覚悟がなければやらない，やれないということである。「見切り」とは，リターンを実現できないならEXITし，資金を高いリターンを期待できる事業に振り向けるということである。

トランスコスモスのM&Aの基本方針は，ディールを投資銀行や外部専門家任せにせず，自分の目でターゲットのProcess，Performanceおよびそれらを支えるPeopleを評価し，PMIのタスクを抽出することにあった。

デューデリジェンス時に策定したPMI計画を着実に実行し，統合後もProcess，Performance，PeopleのMonitoringを継続し，改善のためのPDCAサイクルを実行していくことにより，M&Aの成功確率を上げるよう取り組んでいた。さらに，トランスコスモスではビジネスモデルの特性を踏まえた財務モデリングをベースとし，投資時点から投資後の各種分析・シミュレーションを行って，経営判断に資する情報をタイムリーに提供することに取り組んでいた。

図表４-17■投資の「見立て」，「見届け」，「見切り」

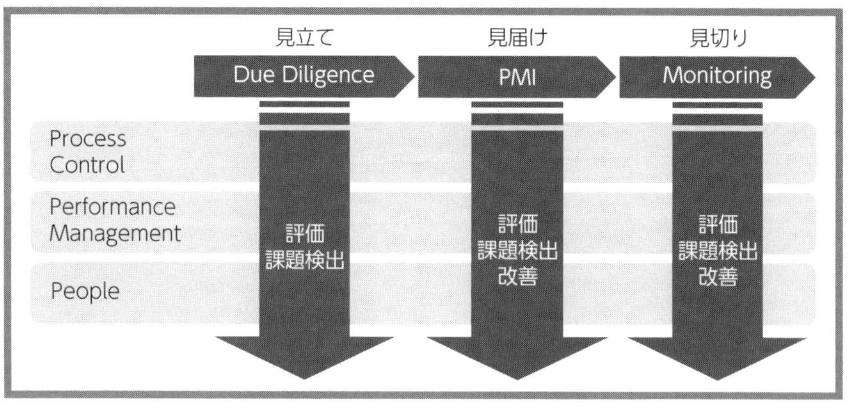

出所：筆者作成。

M&Aに関する創業者の教えの中に「本当にほしいものは何か見極めろ」というのがある。たとえば，M&Aによって獲得したいものが事業そのものでなく，事業を運営する人材なら，必要な人材のみ引き抜いた方が経済的であるということである。

5 日本企業でFP&Aが一般化しない要因

成功した創業経営者の多くは本来，キャッシュ思考と未来思考を持ち，FP&A的素養もある。創業経営者は過去の稼ぐ力の見える化と将来の稼ぐ力の見える化を自分自身が担い，またアメーバ経営に代表される企業のDNAとしてその思考パターンを後世に残す仕掛けも作ることが多い。

しかし，現実にはいまだに「日本にはFP&Aが必要」といわれている状況である。そもそも本来，日本企業はFP&A機能を持っていたはずであるにもかかわらずFP&A機能が多くの企業で定着していない。

ここでは，日本人の特性に焦点を当て，FP&A機能が定着しない要因を探ってみる。

図表4-18■日本軍と米軍の比較

分類	項　目	日本軍	米　軍
戦略	1　目的	不明確	明確
	2　戦略思考	短期決戦	長期決戦
	3　戦略策定	帰納的（インクリメンタル）	演繹的（グランド・デザイン）
	4　戦略オプション	狭い－統合戦略の欠如－	広い
	5　技術体系	一点豪華主義	標準化
組織	6　構造	集団主義 （人的ネットワーク・プロセス）	構造主義（システム）
	7　統合	属人的統合（人間関係）	システムによる統合 （タスクフォース）
	8　学習	シングル・ループ	ダブル・ループ
	9　評価	動機・プロセス	結果

出所：戸部ほか『失敗の本質』（1984）。

まず，太平洋戦争における旧日本軍の敗戦の要因を分析した『失敗の本質』（戸部ほか（1984））を紹介したい（**図表4-18**）。『失敗の本質』によれば，日本軍の戦略目的は「不明確」，戦略策定は「機能的（インクリメンタル）」，組織構造は「集団主義」である。評価は「動機・プロセス」重視であり，「結果」は重視されない。そのため，定量化された数値を重視するFP&Aは定着しにくいのではないかと想像している。

一方，米軍の戦略目的は「明確」，戦略策定は「演繹的（グランド・デザイン）」，組織構造は「構造主義」，評価は「結果」である。

さらに，日本企業が戦略策定においてグランド・デザインがなく，インクリメンタルであるということを深掘りしてみたい。現場力の象徴的存在であるKAIZENはかつて日本企業の強みとしてもてはやされた。KAIZENはインクリメンタルな特徴を持つ。日本企業において欠けているのはグランド・デザインである。海外においては，KAIZENが英語表記になっていることに象徴されるようにグランド・デザインに統合されている。

一方，日本企業はグランド・デザインのない中，強い現場がKAIZENを進め，部分最適になる傾向が強いのではないかと考えている。各現場がそれぞれのやり方で強くなればなるほど，現場の声が強くなる結果，全体最適が成立しづらくなっているのが大半の日本企業が陥っている状況ではないだろうか。

企業の創業期はグランド・デザインとインクリメンタルな戦略が創業者を軸に同一となっている。企業が発展するにつれ，組織経営へと移行していくが，機能が分散し，グランド・デザインが不在となり，現場のインクリメンタルなKAIZENのみに比重が移り，組織がサイロ化した経営形態に陥るのではないだろうかと考えている。組織が拡大し，複数事業を管理する段階になると，組織のサイロ化と事業部の現場力が強くなりすぎ，全体最適の観点が失われ，FP&A機能も進化しなくなるのである。

6 FP&Aを取り巻くテクノロジー

現代はテクノロジーの進化により，アプリケーションやモジュールの組み合わせで最先端の経営管理の仕組みを導入できるようになってきている。API（Application Programming Interface）を活用することにより基幹システムと周辺システムを一体で運用することも可能である。モジュールによる仕組みの導

図表４-19■FP&Aを取り巻くテクノロジー

	特　徴	本来，意図された活用手法	日本企業特有の活用手法
ERP	企業活動のさまざまな業務に対応したモジュールを，共通のシステム基盤のもとに統合したシステム	•複数の基幹業務のデータを１つのデータベース上で管理 •経営状態把握，業務処理を迅速化 •部門ごとの部分最適化により非効率を排除，相互に関連する業務を一体管理	•会計モジュールに限定して利用 •部分最適が残存
EPM	財務データを軸に予算計画・予測，財務管理，財務連結，収益性モデリング，戦略管理を統合して，企業業績を常に監視して必要に応じた対処をする意思決定を支援するシステム	•複数の基幹業務をカバーしたERPとの組み合わせにより業務データに加え，経営情報も提供 •ERPは業務運営を，EPMはビジネスの分析・理解・レポートなどを支援	•未導入の会社が多く，スプレッドシートに依存 •データの集計・分析が困難 •データの管理・評価・意味・価値が事業部門ごと，業務プロセスごとに相違 •迅速な業績の将来予測やビジネスシナリオ策定が困難
BI	一般の利用者が企業に存在するデータを分析し，その分析結果を経営意思決定に活用することを支援するシステム	•統合されたデータを前提に企業の全体最適・経営戦略に活用	•未導入の会社はスプレッドシートに依存 •導入済みの企業でも部門単位での導入が先行し，活用が部分最適
ERM	企業組織に発生するリスクを統合的・包括的・戦略的に把握・評価・最適化・管理するシステム	•リスクを比較評価し優先順位を決定 •ERPの業務プロセスに組み込むことにより成長やコンプライアンス，セキュリティを維持する適切なフレームワークを獲得 •ユーザーアクセスの監視と制御を自動化 •財務報告およびコンプライアンスを簡素化	•未導入の会社はスプレッドシートに依存 •部門ごとに個別最適型リスクマネジメント
MDM	業務で扱う基本データ，つまりマスターデータを全社の観点で統合させ，品質を維持する活動を支援するシステム	•業務で扱うマスターデータを全社の観点で統合し，品質を維持する活動を支援 •正しいマスターデータに基づく正しいレポートやダッシュボードを実現	•普及していない

出所：筆者作成。

入は必然的に標準化を促し，同じ視点で事業全体を俯瞰できることにつながる。これは，日本企業にみられる組織・集団のサイロ化・部分最適を打破する起爆剤になるはずである。

筆者は，日本の小集団活動の強みをモジュールとして企業全体に拡大することは日本再興のきっかけとなると考えている。日本企業の強みである現場力を活かし，現場から経営までFP&A視点で統合・統一されたデータを活用すれば，現場力と経営力を相互作用で高めていくことが可能になる。

ここでは，まず，FP&Aを支えるテクノロジーであるERP，EPM，BI，ERM，MDMなどを紹介する。

(1) ERP

まず，ERP（Enterprise Resource Planning）である。ERPとは，企業の持つ経営資源であるヒト，モノ，カネ，情報等を統一的かつ一元的に管理し，業務の効率化や全体最適の実現を目指すソリューションである。また，そのために導入・利用されるソフトウェア（ERPパッケージ）のことを指す。ERPパッケージでは，会計，財務を中核に，調達・購買，製造・生産，物流・在庫管理，販売，人事・給与といった企業活動のさまざまな業務に対応したモジュールがあらかじめ準備され，共通のシステム基盤に，企業活動をデータとして保持することができる。

ERP上では，部門ごとにばらばらに管理・処理していた基幹業務のデータを１つのデータベースで管理できるため，経営状態の把握や業務処理の迅速化に加え，部門ごとの部分最適化による非効率の排除，相互に関連する業務の一体管理が可能になる。

日本企業におけるERP導入に関しては大きく２つの課題がある。

第１に，日本企業ではERPを会計領域にしか使っていない事例が多くみられることである。ERPは，Enterprise Resource Planningの略であることが示すように，企業全体の資源の最適配分を図るものであるが，その一部の機能しか使わないということは，本来のERP導入のメリットである企業全体の情報共有や経営の全体最適が実現できないということである。

第２に，カスタマイズの問題である。グローバルカンパニーではERPの導入に際し，ERPをベストプラクティスとして，全社的な業務をパッケージに合わせる形で標準化を行う。しかしながら，日本企業の場合，業務をパッケージに合わせるのではなく，各業務部門の都合に合わせたカスタマイズを行ったり，追加の機能（アドオン）を個別に開発したりすることが多く，部分最適に陥ってしまっていることが多い。これらの点は，ERPを文字どおりERPとして活用し，過去から企業全体の資源の最適配分に利活用している欧米グローバル企業に比し，大きく水をあけられている状況になっていると指摘せざるを得ない。

（2）　EPM

続いて，EPM（Enterprise Performance Management）を取り上げる。EPMはCPM（Corporate Performance Management）と同義である。

EPMは，的確かつ迅速な意思決定を支援するソリューションのことである。EPMパッケージは財務データを軸に予算計画・予測，財務管理，財務連結，収益性モデリング，戦略管理を統合して，企業業績を常に監視して必要に応じた対処をする意思決定をサポートするソフトウェアである。

意思決定のためには，必要なデータを迅速に収集・分析することが必要であるが，依然として多くの日本企業では，事業部門や業務プロセスごとに，意思決定に必要なデータをスプレッドシートで作成していることが多い。そのため，データを集計・分析するためには多くの手作業が必要となり，社員の貴重な時間と労力を浪費することになる。さらに，データは各事業部門，各業務プロセスでばらばらに管理・評価・解釈されているため，その意味や価値が事業部門間・業務プロセス間で相違することになる。そのため，データ分析の精度が上がらず，業績の将来予測に基づく，的確で効果的なビジネスシナリオやアクションプランの迅速な策定が困難である。

EPMの導入によってKPI管理や計画業務プロセスの監視を進めることで経営情報の可視化，経営判断の迅速化，経営施策の進捗状況の把握，経営目標達成のための課題の早期発見と的確な対策の立案といった効果が期待できる。

EPMパッケージは，ERPパッケージと連動することにより，経営に関する各種の予実対比情報や，その根拠を提供して，ERPを補完している。ERPは日々の取引を行う業務運営をサポートし，EPMはビジネスの分析・理解・レポートなどを支援する。

(3) BI

BI (Business Intelligence) とは，企業に存在するデータを分析し，その分析結果を経営意思決定に活用することである。そして，それを支援するシステムがBIツールである。BIツールは一般の利用者が使用することを想定したシステムで，データベースシステムと連携して必要なデータを検索・収集したり，多様な視点・軸からデータを解析・分析したり，データや分析結果をレポートやグラフにまとめ可視化する機能を持っている。

従来の企業のデータ利活用では，IT部門が専門的な技術を駆使して定型的・固定的なレポートを作成するのが一般的であった。一方，BIはコンピュータの専門家ではない経営者や現場のスタッフが自らデータを抽出・分析し，自分の業務や意思決定にとって必要な情報を入手するためのソリューションである。

データを活用した企業運営を目指しているという点では，EPMとBIは，同じコンセプトである。EPMとBIの相違点は，BIが予実比較など実績データのみを取り扱うのに対して，EPMは実績データの比較・分析の先に必要となる計画策定までを取り扱う点にある。つまり，BIは結果データの分析のためのツールであり，一方，EPMは予算計画，予測，財務管理，財務連結，収益性モデリング，戦略管理という５つの分野をカバーし，企業経営や意思決定をより深くサポートするためのツールである。

なお，BIは比較的，導入のハードルが低いため，企業の部門単位での導入が先行し，データの利活用が部分最適に陥っている企業が多い。

ここで，BIとの比較で，スプレッドシートについても触れておきたい。スプレッドシートは，「個人」がデータを集計したり，分析したりするのに非常に便利なツールであるが，集計項目・方法，分析手法が属人化しやすい。多くの日本企業の場合，分析するおおもとのデータが標準化・統合されていないため，データの標準化・統合を個人の「スプレッドシート職人」に頼らざるを得ず，属人化や部分最適がさらに進む。また，データが偏在してしまうため，情報が会社全体で活用されにくいという課題を生じさせる。

スプレッドシートは「自分で財務モデルを作成する」，「仮説検証のため，まずは個人で分析する」ためには非常に便利で有用なツールであるので，BIとの棲み分けが必要である。BIは，スプレッドシートよりも大量のデータを扱える点やビューや分析手法の共有が容易な点が強みである。

（４）　ERM

ERM（Enterprise Risk Management）とは，企業組織・活動において発生するリスクを統合的・包括的・戦略的に把握・評価・最適化・管理し，企業価値最大化を図るリスクマネジメント手法である。リスクとは，企業の組織目標の達成や企業戦略の遂行を阻害し，企業価値最大化を妨げる要因のことであり，信用リスク，市場リスク，オペレーショナルリスクがある。

ERMを支援するソフトウェアがERMパッケージである。ERMパッケージをERPの主要な業務プロセスに組み込むことで，企業成長，コンプライアンス，セキュリティを適切に維持するフレームワークを構築することが可能となる。さらに高度な統制と自動化により，ユーザーアクセスやトランザクションの監視と制御の自動化，財務報告およびコンプライアンスの簡素化，さらにはAIを用いたユーザーの行動の継続的な監視やリスク分析も可能になる。IT，経理・財務，業務オペレーション，監査の各部門が連携して，継続的な統制を行えば，企業の環境変化に迅速かつ的確に対応できるリスク管理サイクルが実現することになる。

これまで，日本企業ではリスクを別々の部署が所管し，個別に管理するという考え方が一般的であった。いわば部門ごとに行われる個別最適型リスクマネジメントである。ERMは従来の個別最適型リスクマネジメントと比較して，異なるリスクの重要度を比較評価しリスクコントロールの優先順位を付ける点，複数リスクの対策を連携させることにより効果的・効率的なリスクマネジメントを行い，組織目標を達成する可能性を高めることができる点等が優れている。

さらに，ERMとERPの組み合わせにより，重要な業務プロセスにリスク・インテリジェンスを組み込んだり，AI/機械学習などの高度分析によるリアルタイムの連続監視・分析を行ったり，データ・リポジトリの共有により企業の情報を一元管理したりすることにより，監査機能の自動化・デジタル化が実現する。

(5) MDM

MDM（Master Data Management）とは，業務で扱う基本データ，つまりマスターデータを全社最適の観点で統合し，品質を維持する活動である。そして，その活動を支えるのがMDMシステムである。

業務運営の観点において，マスターデータとは，顧客，製品・サービス，場所，勘定科目などを表し，トランザクションデータを構成する。

分析の観点において，マスターデータは追跡し検証すべき対象となる。マスターデータは属性やカテゴリなど分析に必要な情報・軸を保有していなければならない。特に，過去にさかのぼる比較分析の際には，データの変更や移動についても，どのように履歴を保持しておくか，分析に合わせたデータ準備が求められる場合が多い。正しいマスターデータは，正しいレポートやダッシュボードを作成するために必須である。

ガバナンスの観点において，マスターデータとは統制すべき対象である。個人情報保護の対象は顧客データや従業員データである。資産や場所のデータは資産管理やリスク管理に必須である。また，勘定科目は会計基準に則って分類されなければならない。

MDMの導入により，顧客への適切な提案と収益向上，生産性の改善，サプライチェーンの可視化と最適化，課題の発見と迅速なアクション，顧客情報の連携による顧客満足度の向上，コンプライアンスの向上などが期待できる。

(6) ロジスティードの取り組み

ここでERP，EPM，ERM，MDMの関係を筆者なりに整理した上で，日立物流の取り組みを紹介したい。

ERPと組み合わせて，攻めの経営を支援するのがEPM，守りの経営を支援するのがERM，そして全システムのマスターデータを統制するのがMDMとなる。残念ながら，多くの日本企業ではこれらのシステム活用においても部分最適の罠に陥っている。

逆にいえば，既存のレガシー化したシステムを，全体最適の観点から最新のERP，EPM，BI，ERMといった統合システムに置き換えたり，APIを活用してシステムを一体化したりすることは，部分最適に陥った日本企業のこれまでの遅れを一気に取り戻し，最先端に到達するチャンスともいえる。ただし，一体化といってもなまやさしいものではない。発生源入力，データの標準化・正規化，シングルインプットは必須である。

ロジスティードが，部分最適の罠から逃れることを念頭に置いて進めている新基幹システムのコンセプトは**図表４-20**のとおりである。

図表４-20■ロジスティードの新基幹システムのコンセプト

「攻め」の
データドリブン
経営
EPM

キャッシュインの最大化
◆データ利活用による売上拡大
◆ポートフォリオ経営

「守り」の
データドリブン
経営
ERM

キャッシュアウトの最小化
◆コスト削減（標準化・省力化）
◆ガバナンス強化（デジタル監査）

見える化
BI
適材適所
BI
見える化

MDM
基幹システム
ERP
人材マスタ
取引先マスタ
企業マスタ
取引
契約
決裁
決算
決済

EBITDA，FCF（額）とROIC（率）の「最適化」による企業価値の「最大化」

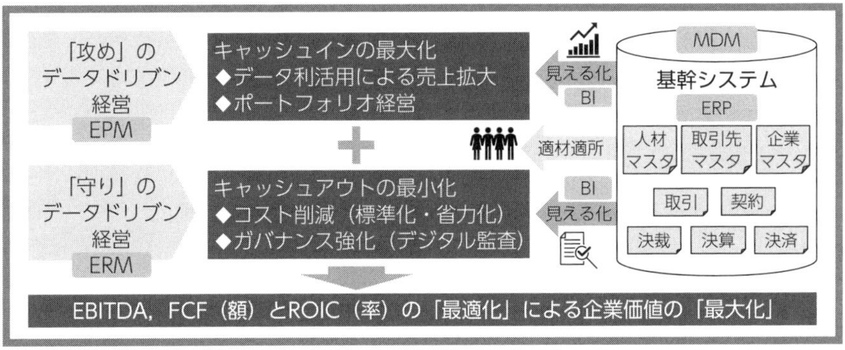

出所：筆者作成。

まず，MDMの観点から，ERPはシングルインスタンスかつアドオンなしとし，グローバル共通のテンプレートに基づくERPの実装による統合・統一されたデータモデルの構築を行う。

この統合・統一されたデータを活用し，EPM（攻めのデータドリブン経営）とERM（守りのデータドリブン経営）を実行する。攻めのデータドリブン経営によりキャッシュインを最大化，守りのデータドリブン経営によりキャッシュアウトを最小化し，企業価値を最大化する。さらに，現場から経営までFP&A視点で統合されたデータ（例：収益管理軸で分解されたP/L・B/S・C/F）を活用し，現場力と経営力の強化を目指す。

今後はBIツールの活用がますます重要になると考えている。データの利活用が部分最適に陥らないよう，全体最適の視点で統合されたデータウェアハウスにアクセスし，自分の分析軸でデータを自由に加工できるようになると，自分でほしい情報は自分で取ってくる形になるだろう。社員１人１人が自立・自律した存在として経営者マインドを持って仕事を進めることもできる。これにより，企業の「現場力」がさらに強化される。

さらに，グループ企業が１つのデータベースを相互に利用することにより，好事例の横展開やグループ全体でのクロスセルの拡大といったデータの利活用が促進され，さらなるシナジーを創造していくことが可能となり，企業の「経営力」が強化されることが期待できる。

「現場力」と「経営力」の両輪を強化し，企業価値を向上する――これが新基幹システムの目指す究極の姿である。

7 日本企業の未来像の仮説

ここからは筆者の私見となる。データ統合は組織のフラット化を促進する。マクロ的なリザルト・マネジメントとマイクロマネジメントを融合させるシステムの活用が進むと，経営者と現場が直結することになる。強い現場が自立・自律する一方で，経営陣は全体に目配せしたり，デザインしたり，長期的な戦略を考える役割を担うというのが理想形だと考えている。

図表４-21■組織のフラット化

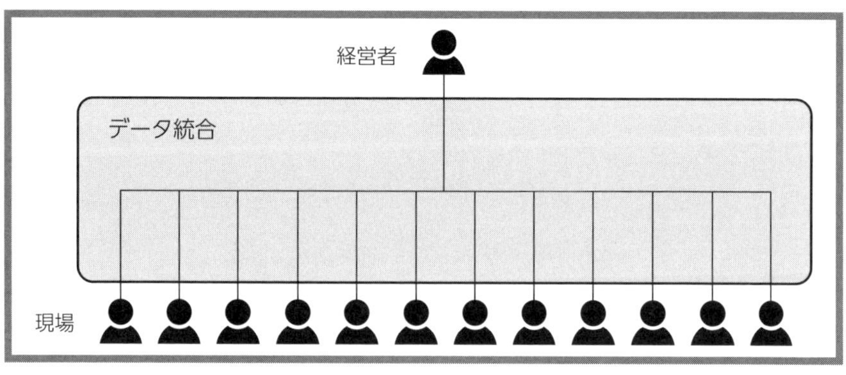

出所：筆者作成。

組織のフラット化の目指す姿の例として，創業経営者の声を紹介する。

ファーストリテイリングの柳井正氏はいう。

「店舗と本部が対等の立場で情報交換でき，時には，店長が本部のミスにきびしく反応し怒鳴り込むぐらいの良い意味での緊張関係を保つためにも，情報システム作りは経営の大事な仕事だ。」（柳井（2003））

また，ヤマト運輸の小倉昌男氏はいう。

「組織をフラット化し社内のコミュニケーションをよくする，そうなれば経営のスピードも速くなる。」（小倉（1999））

ITの進化により，日本の強みである「現場力」の可視化を推し進め，FP&Aによって高めた「経営力」と可視化された「現場力」を一体化することも可能になりつつある。現場・事業の運営データと財務データの統合により，マクロ的なリザルト・マネジメントとマイクロマネジメントは融合していく。

さらに，DXの進展により縦割り組織の壁が取り払われ，ヒエラルキー型の組織はネットワーク型の組織に変容していくことが想定される。

図表4-22■ヒエラルキーからネットワークへ

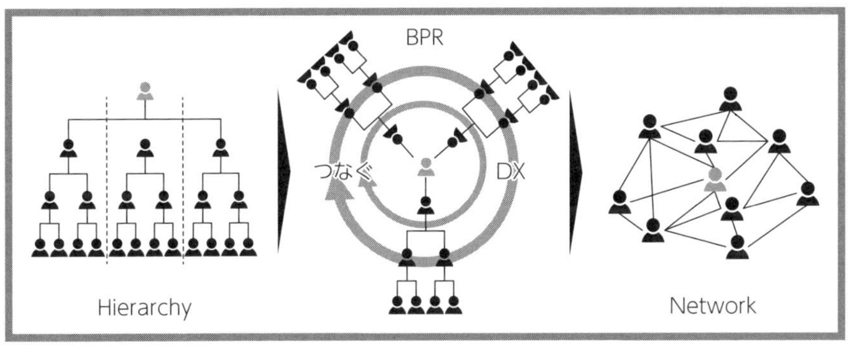

出所：筆者作成。

ネットワーク型の組織では個々人の発信力や巻き込み力が重要になり，人材価値が企業価値に与える影響力が大きくなる。自立・自律した人材がより求められることになる。

さらに，ネットワークは企業間の壁を越えて拡大し，金流・商流・情流・物流は統合され，協創，プラットフォーム，スマートコントラクト，三式簿記などさまざまな可能性が広がっていく。

取引先との接点となるERPのフロントシステムをパッケージに集約すれば，テクノロジーの変化に応じてフロントシステムをアジャイルにアップデートし，企業間ネットワークを拡大していくことが容易になる。

ここで，2003年にファーストリテイリングの柳井正氏が書いた『一勝九敗』からの一文を紹介したい。

> 「一人一人が自立して全体のことを考えながら，それぞれの部署の仕事をやっている。お互いの状況を瞬時に判断するような仕組みのなかで，神経がツーカーでつながっている。それをハイテク機械を使っていかに実行するかが，これからのわれわれの新たな挑戦になるだろう。（中略）将来は，社内とか社外の区別や境すら意味がなくなり，どこまでを社内でやるべきか，どこから社外の人にやってもらうかなどという線引きもなくなるかもしれない。」（柳井（2003））

2003年の時点で，ネットワークで人と人とがつながる社会を予言していたともいえる。恐るべき先見の明である。

図表4-23■ネットワークの拡大

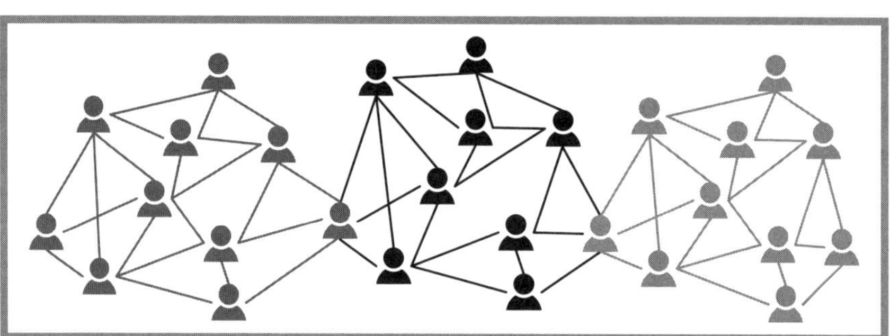

出所：筆者作成。

8 CFOとFP&Aの将来像

筆者は，FP&Aを含む経理・財務部門やCFOはキャッシュの「守護者」，「予言者」，「伝道者」であるべきだと考えている。

CFO部門の機能・役割を考えるにあたり，資金調達から投資，さらには再投資といった一連の財務プロセスにおいて，まずキャッシュをどのように守っていくかという視点が不可欠である。つまり，キャッシュの「守護者」としての役割が重要である。

キャッシュの「守護者」としての役割を適切に果たすためには，Accountingの視点でキャッシュがB/S上，何に姿を変えているのかを適切に把握して企業の資産・財産を管理・保全するとともに，日々のキャッシュの動きをTreasuryという観点で監視し，不正や無駄な支出を防止することが大切である。

そして，キャッシュを使ったら，企業は今後どうなっていくのか，キャッシュを使ってどう儲けていくことができるのかを予測するのが，キャッシュの「予言者」という役割になる。キャッシュを，CAPEX（資本的支出）としてこれだけ事業に投入したら，将来，これだけのキャッシュが入ってくるという予測を的確に行っていくためには，FP&Aのスキルが必須である。

最後に，キャッシュをどう守るか，キャッシュがどうなるか，といった点に目を向けるマインドセットを，企業の中で広めていくこと，いわば布教活動も重要である。キャッシュの「伝道者」としての役割である。

CFO部門がキャッシュの「守護者」，「予言者」，「伝道者」の役割をしっかりと果たせば，投下したキャッシュに対するリターンを最大化して企業価値を最大化することが促進される。

キャッシュの「守護者」，「予言者」，「伝道者」として，インクリメンタルなKAIZENに象徴される「現場力」とFP&Aのフレームワークやテクノロジーによって強化された「経営力」を統合・一体化し，FP&Aを武器に，部分最適に陥ることなく，キャッシュの視点で全体最適の経営を進め，日本企業の持つ強みである「現場力」とFP&Aを実装した「経営力」の両輪を機能させる時，日本企業は復活すると確信している。筆者自身は，FP&A的な思考を磨き，一企業人として，自らが所属する企業の価値向上を推進するとともに，同じ志を持つ人々のネットワークを構築し，日本の再興に貢献していきたいと考えている。

第5章

FP&Aプロフェッショナル

本章のねらい

- FP&Aプロフェッショナルを支援する職業人団体と資格について学ぶ。
- FP&Aプロフェッショナルに求められるスキルセットとマインドセットについて，「1Hと6W」のフレームワークを基に学ぶ。
- IMAの管理会計原則の1つである『管理会計担当者のコンピテンシーフレームワーク』を紹介し，FP&Aプロフェッショナルの2つの役割に求められるスキルセット（How）について学ぶ。
- 「Who（当事者意識）」，「Why（目的）」，「Where（世界観）」，「When（歴史観）」，「What（成長）」，「Which（選択）」の6つの枠組みに沿って，FP&Aプロフェッショナルに求められるマインドセットについて学ぶ。

ここまで，FP&Aに関して，FP&Aの2つの役割，FP&Aプロセス，グローバル企業の事業部レベルにおけるFP&A，日本企業の本社レベルにおけるFP&Aの面から紹介してきた。本章では，FP&Aプロフェッショナルについて述べる。

本書はFP&Aプロフェッショナルを「経営管理を専門とするプロフェッショナル（専門職業人）」と定義する。FP&Aプロフェッショナルに求められるスキルセットとマインドセットを，「5W1H」に6つ目のW（Which）を加えた「1つのHと6つのW」と考えている（**図表5-1**）。以下，1つのHと6つのWを順番に取り上げる。

図表5-1■FP&Aプロフェッショナルに求められる「1つのHと6つのW」

スキルセット	マインドセット
1つのH	6つのW
How：手　法	Who　：当事者意識
	Why　：目　　的
	Where：世 界 観
	When　：歴 史 観
	What　：成　　長
	Which：選　　択

出所：筆者作成。

1 FP&Aプロフェッショナルのスキルセット：1つのH

(1) FP&Aプロフェッショナルの資格と職業人団体

グローバル企業においてFP&A・会計・財務の3つのプロフェッション（専門職）は，**図表5-2**の関係にある。3つのプロフェッションに従事するプロフェッショナル（専門職業人）は，CFOになることを目指して3つの円を移動

図表5-2■CFOを目指す3つのプロフェッション

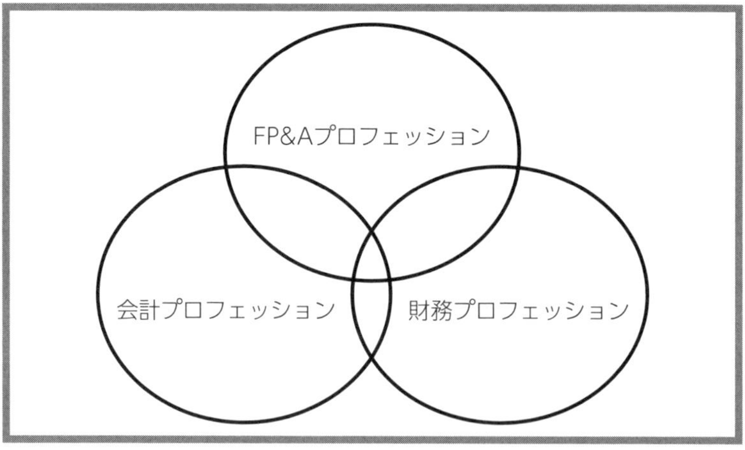

出所：筆者作成。

しながらキャリアを歩んでいる。

グローバル企業において，FP&Aプロフェッションは会計プロフェッションや財務プロフェッションから独立したプロフェッションである。プロフェッションについて語る上で，決して忘れてはならないのが，プロフェッショナルに対する支援活動を行う職業人団体である。

職業人団体は社会におけるプロフェッションの進化・成長に貢献することを目指す。プロフェッショナルを育成するために，資格試験を実施し，資格取得者に対して，ネットワーク作りやキャリア作りの支援，継続教育や研究活動を行っている。

FP&Aプロフェッションに関しては，米国と英国に100年を超える歴史を誇る職業人団体が存在する。米国管理会計士協会（IMA）および英国勅許管理会計士協会（CIMA：Chartered Institute of Management Accountants）である。筆者（石橋）は米国管理会計士協会の認定するU.S.CMA資格を取得した後にIMAの会員となり，米国本部と東京支部でボードメンバーを務めてきた。2022年8月，東京支部と西日本支部が合流し，新たに日本支部が誕生した。現在，米国管理会計士協会日本支部のPresidentを務めている。

日本では，FP&Aプロフェッショナルを支援する「職業人団体」はこれまで存在しなかった。第1章で紹介した歴史的経緯から，「FP&Aプロフェッショナル」を育てる場である「FP&A組織」が日本企業において発達しなかった。日本では管理会計研究者による学会は存在しても，FP&Aプロフェッショナルによる職業人団体は存在しなかったのである。

日本CFO協会は，「CFOを育て，日本における企業経営のグローバル・スタンダードを確立する」をミッションとして掲げ，研究・情報交換を目的とした各種のフォーラムやセミナーの開催，教育・能力評価を目的とした検定試験や資格認定を中心に活動してきた。現在は，個人・法人会員として登録している約6,000人以上の会員に加え，さまざまな活動への参加者は合わせて5万人に及ぶ。

現在，日本CFO協会は，職業人団体としてFP&Aの啓蒙活動に取り組んでいる。米国最大の財務教育団体であるAFP（The Association for Financial Professionals）と提携している。AFPは財務プロフェッショナルを支援する職業人団体であり，CTP（Certified Treasury Professional）という資金分野を中心とした資格認定を行ってきた。2014年に，AFPはFP&A分野に参入した。FP&A分野の実務家を対象に業務内容の調査を行い，FP&Aプロフェッショナルに求められるスキルを体系化した。その成果がFP&Aプロフェッショナルのための教育プログラムである。AFPは，FPACと呼ばれるCertified Corporate FP&A Professional資格の認定を開始した。

日本CFO協会は2019年にAFPと提携した。筆者はAFPのFP&A資格プログラムを半年間，受講し，２日間にわたる試験を受けてFPAC資格を取得した。その上で，日本企業で経営管理に携わる実務家16名の方々とFP&A資格教育プログラムに関する勉強会を行った。その成果が2020年に開始された「FP&A実践講座（Eラーニング）」である。

FP&Aスキルに関する試験「FP&A検定」が2021年度より開始された。FP&A検定は，FP&A実践講座の内容に準拠して開発された検定試験である。2022年度にFP&A検定受験者のための公式学習ガイドも出版された。

2021年度よりオンラインで実施される月次勉強会の「FP&A実務勉強会」が開始された。300名を超えるFP&Aプロフェッショナルが参加する，企業の枠を越えて学ぶための場である。90分間の勉強会は，主に以下の３つから構成された。

１つ目は，AFPのFP&Aガイドの検討である。FP&Aガイドは，AFPがFP&Aプロフェッショナルを支援するために公開しているFP&A実務の手引書である。筆者はFP&Aガイドを日本語化し，『FP&Aベストプラクティス大全』を上梓した。

２つ目は，実務勉強会である。各回のテーマに応じて運営委員他からご講演やコメントをいただき，ブレイクアウトセッションを行った。

３つ目は，FP&Aに関するITツールに関するテーマである。FP&Aプロフェッショナルに求められるERM，スプレッドシートやBIなどのITツールに関し，先進企業からツールのデモの提供などの支援をいただいた。

2023年度より「FP&Aセミナー」および「FP&A研究会」の２つの月次定例会が開始され，2024年度より「Club FPAC」という勉強会が開始される。

本章の筆者はFP&Aプログラム運営委員会委員長として，日本CFO協会の取り組みを支援してきた。日本CFO協会による職業人団体としての取り組みが，日本においてFP&Aプロフェッションを確立する大きな一歩になることを期待している。

(2)　FP&Aプロフェッショナルの「How：手法」

次に，米国管理会計士協会（IMA）が公開している管理会計原則（SMA：Statements on Management Accounting）の1つである「管理会計担当者のコンピテンシーフレームワーク」を基に，FP&Aプロフェッショナルに求められるスキルセット（How：手法）を紹介する。

①　IMAのコンピテンシーフレームワーク

管理会計のベストプラクティスをまとめたIMAの管理会計原則の1つが，**図表5-3**のコンピテンシーフレームワークである。

図表5-3■IMAのコンピテンシーフレームワーク

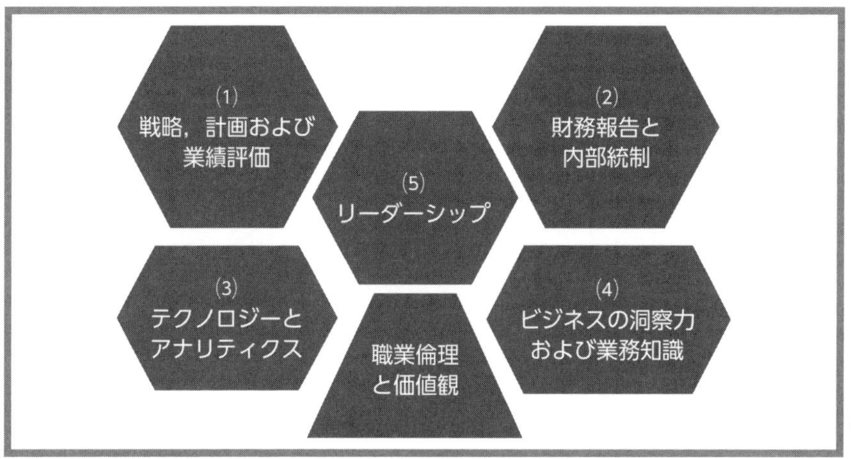

出所：IMA東京支部資料を基に筆者作成。

土台として「職業倫理と価値観」がある。その土台の上に(1)「戦略，計画および業績評価」，(2)「財務報告と内部統制」，(3)「テクノロジーとアナリティクス」，(4)「ビジネスの洞察力および業務知識」の4つがあり，これらの4つの分野を結びつけるものを(5)「リーダーシップ」としてまとめている。

「職業倫理と価値観」は，職業人としての価値観や倫理的な行動や法令を遵守するために必要とされる能力と定義されている。具体的には，倫理的に問題のある行動に気づいた場合に，いかに対処するべきか等の能力が含まれる。

「戦略，計画および業績評価」は，将来を予測し，戦略計画プロセスを主導し，意思決定プロセスを支援し，リスクを管理し，業績をモニタリングするために必要とされる能力と定義されている。具体的には，戦略計画，意思決定分析，投資意思決定，リスク管理，予算編成，予測作成，企業財務，業績管理等の能力が含まれる。

「財務報告と内部統制」は，会計原則や法令に従って組織の業績を測定し，報告するために必要とされる能力と定義されている。具体的には，内部統制，原価計算，財務諸表作成，財務諸表分析，統合報告，税務の能力が含まれる。

「テクノロジーとアナリティクス」は，テクノロジーを活用し，分析を行うために必要とされる能力と定義されている。具体的には，情報システム，データガバナンス，データアナリティクス，データビジュアリゼーションの能力が含まれる。

「ビジネスの洞察力および業務知識」は，職能横断的なクロスファンクションのチームにおいてビジネスパートナーであるために必要とされる能力と定義されている。具体的には，業務知識，業界特有の知識，品質管理の知識，プロジェクトマネジメントの知識が含まれる。

最後に，「リーダーシップ」は，組織目標の達成に向けてチームのメンバーと協働し，鼓舞するために必要とされる能力と定義されている。具体的には，コミュニケーションのスキル，他人を動機づける能力，他者と協働する能力，変化対応（チェンジ・マネジメント）に関する能力，紛争解決に関する能力，交渉能力，人材育成能力が含まれる。

IMAのコンピテンシーフレームワークは，FP&Aプロフェッショナルに求められるスキルセットの全体像を示している。これらのスキルセットを，

FP&A組織の「マネジメント・コントロール・システム（MCS）の設計者および運営者」と「真のビジネスパートナー」の２つの役割の面から解説する。

②　「MCSの設計者および運営者」の役割に求められるスキル

FP&A組織の「MCSの設計者および運営者」としての役割を果たすためにFP&Aプロフェッショナルに求められるのが，**図表５-４**の財務会計と管理会計および企業財務に関するスキルである。

財務会計とは，社外の利害関係者（ステークホルダー）に向けて，企業の経営成績および財務状況を報告するために用いる会計を指す。貸借対照表，損益計算書，キャッシュ・フロー計算書などの財務諸表を作成するための会計である。財務諸表は，会社法や金融商品取引法などの法律で定められたルールに従って作成される。財務会計の目的は，投資家や株主・債権者を保護するために正確な財務諸表を作成することにある。

FP&Aプロフェッショナルにとって，財務会計は経営管理のための言語である。財務会計のスキルは，基本となるスキルである。しかし，正しい財務諸表を作成するだけでは不十分である。正しい財務諸表を作成しても，会社は赤字を出すかもしれないし，倒産するかもしれない。経営管理を担当するFP&Aプロフェッショナルには，管理会計と企業財務のスキルが求められる。

図表５-４は，経営管理を担当するFP&Aプロフェッショナルに求められる２つの視点を示す。管理会計の目的の中心には，経営者の視点で管理者の業績を短期的に管理することがある。企業財務の目的の中心には，投資家の視点で事業の業績を中長期的に管理することがある。投資家の視点は，長期志向の投資家の視点であり，短期志向の投資家の視点は含まれない。

企業財務のアプローチと管理会計のアプローチを可視化したのが，**図表５-５**である。左側の企業財務のアプローチは，企業の価値とは企業が実行するさまざまな投資プロジェクトの価値の束であることを示している。投資プロジェクトの本質的価値（V：Intrinsic Value）は，投資プロジェクトから生み出されるキャッシュ・フローの現在価値（PV：Present Value）である。

投資プロジェクトの本質的価値（市場価値ではない）が，投資プロジェクトが生み出すキャッシュ・フローの現在価値であることの例示として，社債の本

図表５-４■FP&Aプロフェッショナルの２つの視点

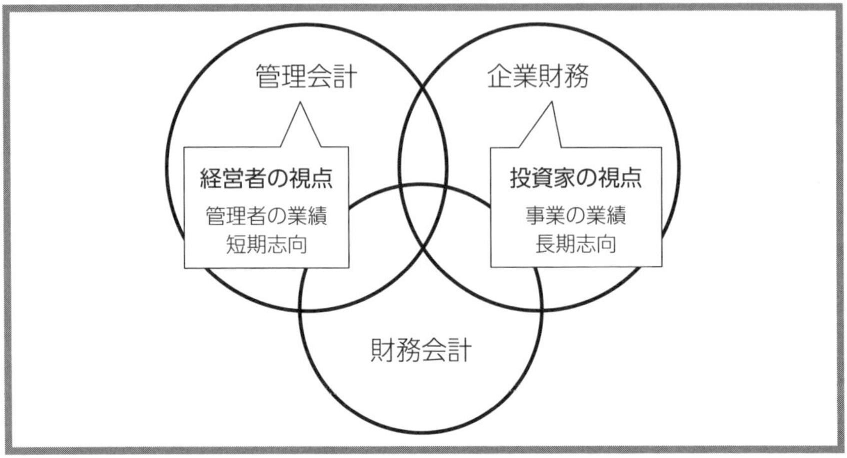

管理会計

経営者の視点
管理者の業績
短期志向

企業財務

投資家の視点
事業の業績
長期志向

財務会計

出所：筆者作成。

図表５-５■FP&Aプロフェッショナルの２つのアプローチ

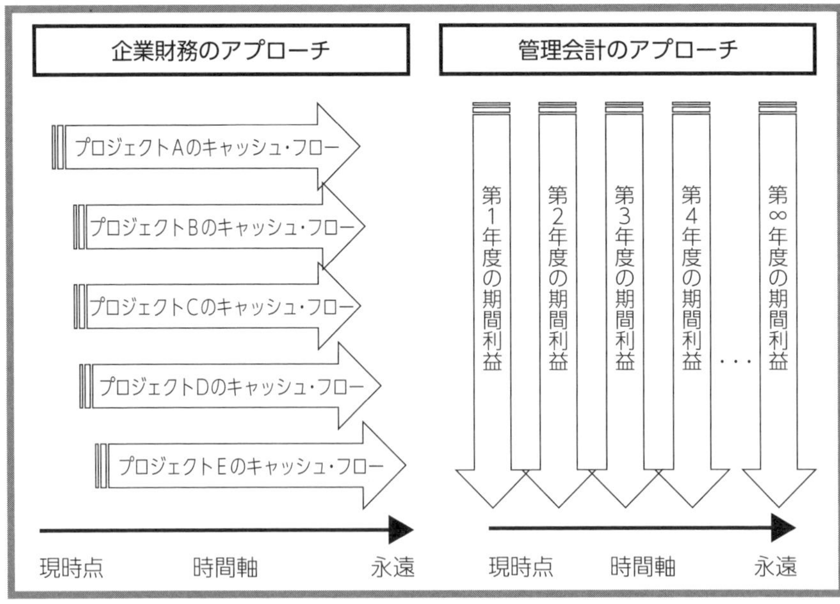

出所：筆者作成。

質的価値の計算式を**図表5-6**に示す。社債の本質的価値（V）は，社債から生み出される「予測キャッシュ・フロー」を「社債のリスクと時間価値に基づいて投資家が要求するべき収益率（Kd）」により「複利（Compounding Rate）」で割り引くことによって求められる。なお，**図表5-6**の「本質的価値（V）」を「現在の市場価値（Po）」で置き換えると，Kdが「資本コスト（投資家が要求するべき収益率）」から「市場が期待する利回り」に置き換わることに留意されたい。

図表5-6■社債の本質的価値（V：Intrinsic Value）

元本（MV円）の償還期日（n年後の年の末日）が決まっており，毎年，I円の利子を支払う社債の「本質的価値（V：Intrinsic Value）」

$$V=\sum_{t=1}^{n}\frac{I}{(1+kd)^{t}}+\frac{MV}{(1+kd)^{n}}$$

Kd：社債の資本コスト（投資家が社債の時間価値とリスクに基づいて要求するべき収益率）

I（Interest）：毎年支払われる社債利子
MV（Maturity Value）：償還時に支払われる元本

出所：Van Horne et al.（2008）を基に筆者作成。

企業価値の本質的価値とは，企業が長期間にわたって生み出す「予測キャッシュ・フロー」を「企業のリスクと時間価値を反映した資本コスト」により複利で割り引くことによって求められる割引価値（現在価値）である。

企業財務のアプローチは，経営者による経営管理の目的が企業の本質的価値（企業から長期間にわたり生み出されるキャッシュ・フローの割引価値）を最大化することであることを示唆している。

しかし，経営者が企業の本質的価値を測定・予測して，経営管理を行うことは現実的ではない。**図表5-5**の右側の管理会計のアプローチは，企業財務のアプローチを補う役割を担う。

管理会計のアプローチは，企業価値を創造する途中経過を測定する代替指標として財務会計によって測定される期間利益を使用する。年度ごとに期間利益の目標額を設定し，目標達成に向けて経営管理プロセスのPDCAサイクルを回す。管理会計のアプローチにおけるFP&Aプロフェッショナルの目的は,「経営管理プロセスのPDCAサイクル」を回すことによって,期間利益を最適化することにある。企業を永続させるために,いかなる時代環境でも利益を出すことが求められる。しかし,期間利益自体を最大化することが目的なのではない。

マラソンにたとえれば,マラソンを走ることの目的は,42.195キロメートルをできるかぎり速く走ることにある。しかし,スタート時点で42.195キロメートルの記録に目標を設定して走ることは現実的ではない。5キロメートルごとに目標を設定して,適切な速さで走ることが求められる。走るスピードが遅すぎては,途中のチェックポイントで足切りになる。速すぎては,ゴールまで走りきれない。

管理会計のアプローチのもう1つの目的は,第2章で詳述したとおり,「マネジメント・コントロール・システム(MCS)のPDCAサイクル」を回すことにある。企業内部の管理者に対して目標達成への動機づけを行う。マラソンのたとえを使えば,チーム全員が同じたすきを掛けてスタートからゴールまで一緒に走る駅伝である。

MCSのPDCAサイクルを回すために,MCSの4つの輪(①目標設定,②継続的な対話,③年次業績評価,④報酬)を設計し,運営することが求められる。管理会計のアプローチは,MCSのPDCAサイクルを回すことによって,経営管理プロセスのPDCAサイクルを駆動(Drive)するのである。

FP&Aプロフェッショナルには,経営者と投資家の両方の視点を考慮して,企業価値の中長期的な成長を目指すことが求められる。企業財務と管理会計のスキルは,「MCSの設計者および運営者」としての役割を果たすためのスキルの中心にある。この点はFP&Aプロフェッショナルの中核的なマインドセットに関連する。後述するWhy(目的)でさらに詳しく説明する。

③ 「真のビジネスパートナー」の役割に求められるスキル

FP&Aプロフェッショナルに求められるもう1つのスキルが,真のビジネスパートナーの役割に必要なスキルである。第2章において,日本CFO協会のFP&A実務勉強会におけるセルベンのFP&Aの12の原則に関する講演を紹介した。

セルベンは講演において，業績が良い企業と業績が悪い企業の最大の違いは，「FP&Aプロフェッショナルが社内におけるCFO組織以外の他部門と効果的な仕事上の関係を構築する能力」にあると説明した。その理由を，他部門における業務担当のマネジャーたちは誰よりも事業の内容や業界で起こっていることを知っているからであるとした。

業績が良い企業と業績が悪い企業の２番目に大きな違いを，「FP&Aプロフェッショナルが支援する事業部を理解する能力」にあると説明した。FP&Aプロフェッショナルへの移行を目指す会計プロフェッショナルに対し，「会計プロフェッショナルとしての快適な世界から抜け出し，時間を投資して支援する分野について学ぶこと」を勧めた。真のビジネスパートナーとして求められるスキルは，事業部においてビジネスパートナーとしての役割を果たすために求められるスキルなのである。

IMAのコンピテンシーフレームワークは，「CFO組織の従来の役割の枠を越えて，事業部に対して価値あるビジネスパートナーとして貢献するための知識」を「業務知識」と定義し，「業務知識」の習熟段階を以下の５つのステップとして示す。

- ステップ１：限定された業務知識
  - CFO組織の従来の役割の枠内に業務が限られている。
- ステップ２：基本的な業務知識
  - 組織内部における情報やモノの流れを理解している。
- ステップ３：応用的な業務知識
  - CFO組織の枠を越えて，事業部の課題について解決策の策定に参加する。他の職能部門と密接に働き，複数の職能部門の枠を越えて協働する。
- ステップ４：豊富な業務知識
  - 複数の事業部をまたいだ変革を遂行するために，ビジネスパートナーとして機能横断的チームで働く。職能部門を横断するプロジェクトに参画した経験から，業務知識を得る。
- ステップ５：エキスパートとしての業務知識
  - 担当職務のローテーションや過去に経験したキャリアから得た経験の結果として，他のチームや異なる事業部からビジネスパートナーとして受け入れられ，豊富な業務知識を有していると認められる。

第１章で紹介した**図表１-８**を改めてご覧いただきたい。インテルのCFO組織の「真のビジネスパートナーのビジョン」である。**図表１-８**を説明する際に強調されていたのが，「真のビジネスパートナーへの階段は１回登ると上がりになるのではない」ということである。FP&A組織のメンバーは数年ごとに社内でのローテーションを経験する。異動するごとに新たな事業部において，真のビジネスパートナーを目指して階段を１番下に戻って登り直すのである。もちろん，階段を登るスピードは速くなる。スピードは速くなっても階段を登り直すことがプロフェッショナルとしての成長に不可欠なのである。インテルのCFO組織において，FP&Aプロフェッショナルとしてのキャリアにおけるローテーションは，プロフェッショナルとしての成長に必要な「旅（Journey）」であると説明されていた。

「真のビジネスパートナー」に必要とされるスキルセットは，事業部における実務経験の蓄積を通した学習によって身につく。その前提となるのが，次節で紹介するマインドセットである。

2 FP&Aプロフェッショナルのマインドセット：６つのW

FP&Aプロフェッショナルに求められるマインドセットを，**図表５-１**の６つのWとして紹介する。

（1） FP&Aプロフェッショナルの「Who：当事者意識」

FP&Aプロフェッショナルに求められるマインドセットの１つ目は，FP&Aプロフェッショナルが真のビジネスパートナーとして求められる経営に対する当事者意識である。第１章で紹介したFP&Aプロフェッショナルの先駆者であるジェニーンの前半生を，自伝と評伝を基に紹介する。

『プロフェッショナルマネジャー』（Geneen et al.（1984）（田中訳（2004）））という書籍をご存じだろうか。原題は「経営すること」。伝説の経営者と呼ばれたジェニーンの自伝である。ユニクロ創業経営者の柳井正氏が以下のとおり，推薦されている（柳井ほか（2010）p.8）。

「僕が今日，経営者としてやっていけるのは，『プロフェッショナルマネジャー』から多くのことを学んだからです。いや，人生で一番学んだ本は何か？　と問われても，この一冊に間違いありません！」

ジェニーンは，1910年，英国で生まれた。17歳で父親の破算によりニューヨーク証券取引所の使い走りとして働きはじめた。図書の訪問販売，新聞の広告営業をしながら，７年かけてニューヨーク大学の夜学で会計学を学んだ。

25歳でライブランド会計事務所に就職，数年後に公認会計士の資格を取得した。監査法人で勤務するジェニーンは，自分の与えられた権限に縛られず，経営者の仕事に積極的に口出しした（Schoenberg（1985）（角間ほか訳（1987）p.36））。

「ジェニーンが関心をもったのは監査そのものではなく，監査が示唆することだった。経営のまずさを立証する利益率が悪ければ，彼はその欠点に個人的に挑み，経営を正しい軌道に戻すことに熱心に取り組んだ。そのような顧客の実績を突き止めたい一心で，ジェニーンは最初から経営者のやることに積極的に口出しした。それは必然的に，他人を怒らせることになった。」

32歳の時に，アメリカン・キャン社で工場のコントローラーの地位を得た。与えられた権限を越えて「ビジネスパートナーとしての役割」を果たすことに仕事のやりがいを見出した（Geneen et al.（1984）（田中訳（2004）p.72））。

「私は自分の仕事が，時としてその２つの工場のコントローラーの職分をはみ出して，生産の問題に関われることがあるのが嬉しかった。ある時は，生産ラインから出る廃棄物やスクラップの管理システムをつくる仕事を任されたことがあった。その時，一番私をてこずらせたのは，スクラップの記録を続けていると“本当の”仕事のペースが落ちると言って，素直に言うことを聞こうとしないある部長だった。私には彼をどうすることもできなかった。」

36歳の時に，映写機を製造する，ベル・アンド・ハウウェル社に本社コントローラーとして転職する。自分自身が「経営者」であろうとして奮闘した（Schoenberg（1985）（角間ほか訳（1987）p.60））。

「ジェニーンの当時の部下は言う。『彼は製造部門の従業員のあいだを歩き回って，作業方法を聞くようになった。ジェニーンは競合するものから安い方を選べばどれぐらい節約できるかを計算した。その種のことは，それまであの会社では一度もやったことがなかった。それは私の心に，そして多くの社員の心にFP&A組織の人間が踏襲すべきパターンを植えつけた。そのおかげで彼らはトップマネジメントになったのだ。私は，ジェニーンが近代的な事業経営におけるFP&Aの役割と責任を確立したと思う。』」

40歳の時に，米国で第５位の鉄鋼会社，ジョーンズ・アンド・ラフリン社に本社コントローラーとして転職する（Geneen et al.（1984）（田中訳（2004）p.80））。

「私の仕事の大部分は，職長や監督に，自分たちの仕事の管理体制を作り，それぞれの業務活動のコストを検査・管理できるように説得することを，必然的に伴っているように思われた。私が繰り返し説明しなくてはならなかったのは，彼らをスパイするためにではなく，手助けをしに行くのだということだった。彼らの仕事の能率を高め，もっと働きやすくするのを手伝おうではないか，と。すこしずつ，私は成功を収めた。それは長い道だった。」

ジェニーンのプロフェッショナルとしての歩みから読み取れるのは，真のビジネスパートナーとしてのFP&Aプロフェッショナルに求められる「自分は経営の当事者（経営者）でありたい」というマインドセットの重要性である。

（2） FP&Aプロフェッショナルの「Why：目的」

FP&Aプロフェッショナルに求められるマインドセットの２つ目は，FP&Aプロフェッショナルが目指すもの（目的）である。結論を先に示せば，FP&Aプロフェッショナルの目的は，真の企業価値の中長期的な成長である。

2021年に，岸田内閣は「新しい資本主義」と呼ばれる経済政策を発表した。『新しい資本主義の実現に向けて』と題された論点報告書に，企業経営に関する課題として「株主重視，短期の視点」に偏っていることを挙げ，課題を解決する上での企業の役割として「中長期的視点に立ったステークホルダーへの利益の配慮」を挙げた。

「新しい資本主義」の背景には，近年，日本企業において，企業価値を株主価値と捉える傾向が顕著になったことがある。日本経済新聞電子版（2022/1/8）から以下に引用する。

> 「1970年代に経済学者ミルトン・フリードマンは，企業が株主利益を優先することが公益にもつながると説いた。日本企業では近年，配当重視への偏りが目立つ。1990年代には配当水準の低さが問題視され，その後に海外投資家の求めや圧力に応じることで急増した。日本企業による配当額は，20年度は26兆円と20年前の5.4倍まで伸びた。同期間において日本企業の売上高は伸びず，従業員の給与は逆に15%減った。」

本章の筆者は，上場企業２社で本社CFOを経験した。第１章で紹介したとおり，日本トイザらスのCFOとして，株主優待制度の廃止を実施し，ジャスダック証券取引所からの上場廃止を指揮した。CFOとして感じていたのは，株主利益を優先する経営に対する疑問であった。

日本企業の多くがROE（Return On Equity：自己資本利益率）を中期経営計画の主要業績評価目標として設定している。第２章で触れたとおり，ROAは短期志向の投資家の視点に偏っている。ROEにはROAの短期志向であるという１つ目の問題に加えて，株主利益を優先するという２つ目の問題がある。

図表５-７は，日経平均株価採用銘柄（金融除く）において，2020年度にお

けるROEが高かった上位10社のROEの要素を示したものである。ROEは，ROA（Return On Assets：総資産利益率）と財務レバレッジ（総資本÷自己資本）の乗数として表示されている。ROAが，当期純利益率（当期純利益を売上高で除したもの）と資本回転率（売上高を資産で除したもの）の乗数（＝（当期純利益÷売上高）×（売上高÷資産））として計算されている（**図表5-7**は株主価値に関連するROEを頂点に置いて，ROEの要素を分解するデュポン・チャートの構造的な問題を反映している。第2章で触れたとおり，企業価値に関連するROAのRは当期純利益ではなく，事業利益である。ここでは財務レバレッジに関する説明を単純にするために，当期純利益のまま説明する）。

財務レバレッジ（総資本÷自己資本）は，資産（＝総資本）の調達にどれだけ負債を活用しているかを示す。同じ趣旨の比率に，負債比率（＝負債÷自己資本）がある。財務レバレッジと負債比率の違いは分子にある。ROAを上げるだけでなく，財務レバレッジ（もしくは負債比率）を上げることによっても，ROEを上げることが可能である。

第2章で紹介したソニーがROEに関して日経平均株価採用銘柄の上位10社に入っているにもかかわらず，ROEではなく「調整後EBITDAの3年間累計

図表5-7■ROEが高い日経平均株価採用銘柄上位10社

	社　名	ROE (%)	純利益率 (%)	総資産回転率 (倍)	ROA (%)	財務レバレッジ (倍)
1	川崎汽船	**68.1**	17.4	0.66	11.5	**5.9**
2	ソフトバンクグループ	**61.9**	88.6	0.14	12.4	**5.1**
3	ソフトバンク	**39.1**	9.4	0.47	4.4	**8.8**
4	アドバンテスト	**27.3**	22.3	0.82	18.3	**1.5**
5	東京エレクトロン	**26.5**	17.4	1.02	17.7	**1.5**
6	日本郵船	**25.6**	8.7	0.80	7.0	**3.7**
7	三井金属鉱業	**24.6**	8.6	0.92	7.9	**3.1**
8	ソニーグループ	**24.2**	13.0	0.37	4.8	**5.1**
9	中外製薬	**23.4**	27.3	0.66	18.0	**1.3**
10	エムスリー	**20.7**	22.4	0.66	14.8	**1.4**

出所：日本経済新聞朝刊（2021/6/4）を筆者改変。

額」を中期経営計画の主要な業績目標に選んだことは注目に値する。

ROEを上げる目的で負債比率（もしくは財務レバレッジ）を増加させる場合，企業価値（株主価値ではない）にどのような影響を与えるのであろうか。

企業価値の本質的価値（Intrinsic Value）は，**図表５-６**の社債の本質的価値と同様に，①企業が長期間にわたって生み出す「予測キャッシュ・フロー」および②「企業のリスクと時間価値を反映した割引率（Discount Rate）」の２つの要因によって決まる。②の「企業のリスクと時間価値を反映した割引率」は，負債コストと株主資本コストの加重平均としての資本コストである。企業価値の本質的価値は企業が生み出す予測キャッシュ・フローを資本コストで割り引くことによって算定されるので，資本コストが上昇すると企業価値の本質的価値が減少する構造になっている。

図表５-８は，モジリアニとミラー（Modigliani = Miller）のMM命題を説明したものである。MM命題とは，税金や倒産などの取引に関するコストが存在しない完全市場において，資本構成は企業価値に影響を与えないという命題である。１枚のピザをどのように２つに切り分けても，ピザ自体の価値に変化は生じないことを**図表５-８**は示している。完全市場においては，負債と自己資本の資本構成の違いによって，Ａ社とＢ社の企業価値（および資本コスト）に違いは生まれない。

図表５-８■Modigliani ＝ MillerのMM命題

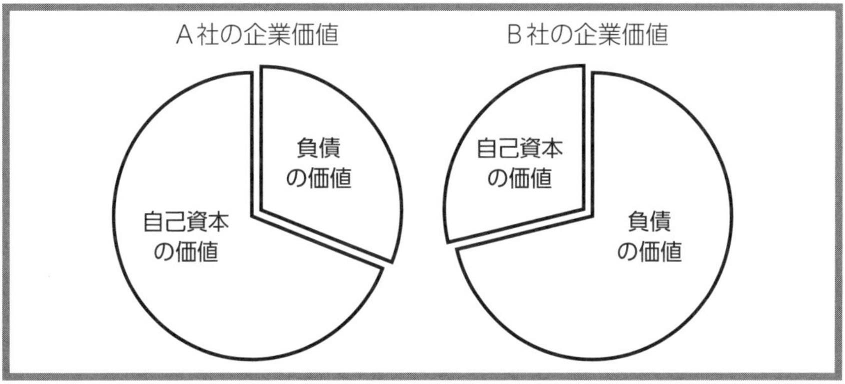

出所：Van Horne et al.（2008）を基に筆者作成。

しかし，実際の資本市場は完全市場ではない。税金や倒産などの取引に関するコストが存在している。**図表5-9**は，MM命題の完全市場の前提を修正した実際の市場において，負債比率の増加が資本コストに与える影響を示したものである。これは資本構成のトレードオフ理論と呼ばれる。

図表5-9■資本構成のトレードオフ理論

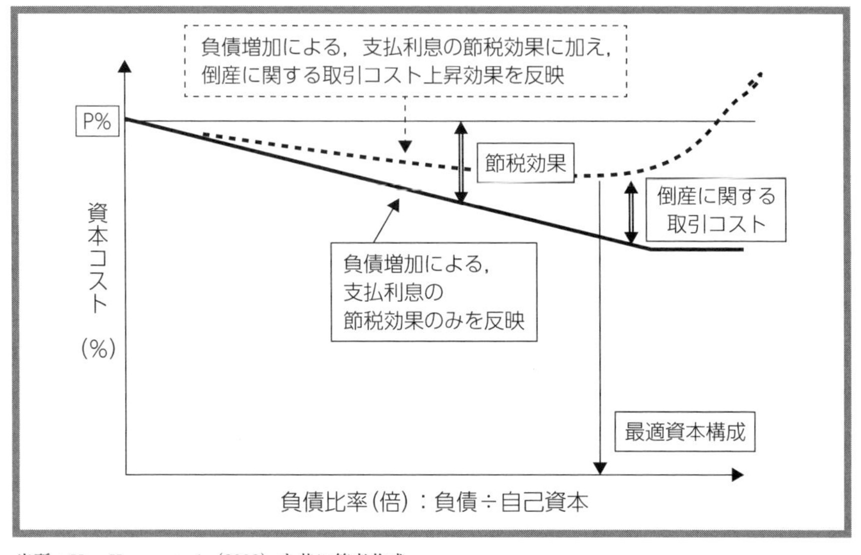

出所：Van Horne et al.（2008）を基に筆者作成。

完全市場における資本コストがP%であったと仮定する。完全市場では負債比率が変化しても，資本コストはP%で一定である。実際の市場に存在する2つの要因は，資本コスト（P%）にどのような影響を与えるのだろうか。

第1に，実際の市場では税金が存在する。負債比率の増加は支払利息を増加させる。支払利息は課税所得を減少させる。この節税効果がTax Shieldと呼ばれる。負債比率の増加に比例して，節税効果が増加し，資本コストを減少させる。**図表5-9**の実線は，この例示である。支払利息の節税効果にはリスクが伴う。課税所得が低かったり，赤字になれば，節税効果は減少したり，消滅したりする。節税効果には一定の上限が存在するので，資本コストの減少は一定の地点で止まる。

第2に，実際の市場では倒産に関する取引コストが存在する。負債比率が一定のレベルを超えると，倒産に関する取引コスト（モニタリング・コストや裁判のコスト）が急激に増加する。**図表5-9**の点線は，この例示である。倒産に関する取引コストと支払利息の節税効果が均衡する時点において，資本コストが最小になる。この時点が最適資本構成である。負債比率が最適資本構成を上回ると，資本コストは上昇し，企業価値が減少する。

図表5-9が示すのは，ROE（もしくは株主価値）を上げる目的で負債比率を増加させることの危うさである。まず，負債比率を上げることで生み出される企業価値（株主価値ではない）の増加は，負債増加による支払利息の節税効果に限定される。しかも，この節税効果の大きさにはリスクと上限が存在する。より重要なことは，最適資本構成を超えて負債を増加させると，企業の永続性への最大のリスクである倒産リスクを増加させることである。

負債比率（もしくは財務レバレッジ）は，経営管理において一線を越えてはいけない制約要因である。ROE（自己資本利益率）は，短期志向の投資家には重要な業績指標であるが，経営者が中期経営計画において管理者の主要業績目標として設定するべきものではない。

図表5-10と**図表5-11**は，FP&Aプロフェッショナルが経営者として目指すべき目標に関する筆者の信念である。まず，FP&Aプロフェッショナルは，

図表5-10■真の企業価値(1)

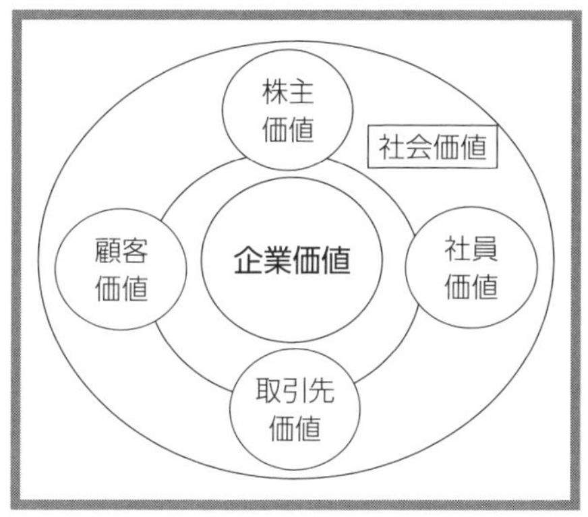

出所：筆者作成。

図表5-11■真の企業価値(2)

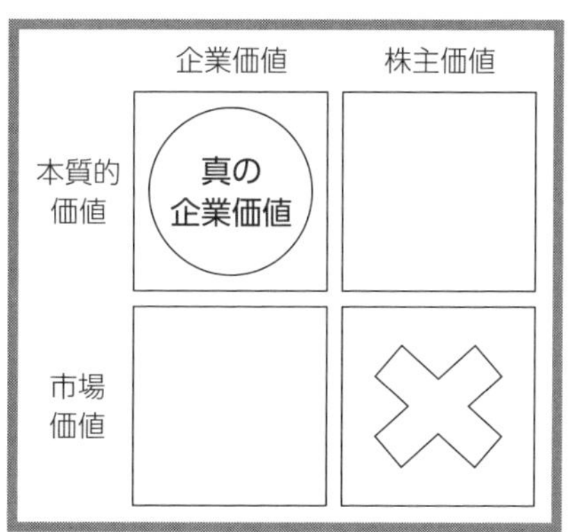

出所：筆者作成。

図表５-10のとおり，企業価値と株主価値を峻別しなければならない。次に，FP&Aプロフェッショナルは，**図表５-11**のとおり，企業価値の本質的価値と市場価値を峻別しなければならない。

企業経営の目的は，真の企業価値を中長期的に成長させることにある。FP&Aプロフェッショナルは，経営者として企業価値の本質的価値に焦点を合わせ，「真のビジネスパートナー」および「MCSの設計者および運営者」として真の企業価値の中長期的な成長に貢献しなければならない。株主を含むさまざまなステークホルダーへの配慮を行うことの結果として真の企業価値を毀損することは許されないことであり，正に本末転倒である。

（３） FP&Aプロフェッショナルの「Where：世界観」／「When：歴史観」

FP&Aプロフェッショナルに求められるマインドセットの３つ目と４つ目は，第１章で紹介したグローバル企業と日本企業におけるFP&A組織の役割の違い（世界観）とこの違いが生まれた経緯（歴史観）である。

グローバル企業におけるFP&Aに関する第３章と日本企業におけるFP&Aに関する第４章を読み比べていただきたい。日本企業のFP&Aは本社に重心が位置するのに対し，グローバル企業のFP&Aの重心は事業部に位置する。FP&Aの課題と可能性として挙げられているのが，グローバル企業では「真のビジネスパートナー」であるのに対して，日本企業では「FP&Aテクノロジー」である。この背景には，２つのFP&A組織の今日までの成り立ちの違いが存在している。

第３章の筆者の三木晃彦氏は複数のグローバル企業で，第４章の筆者の本田仁志氏は複数の日本企業で，それぞれFP&Aプロフェッショナルとしてのキャリアを歩まれてきた。お２人と，お２人に続くFP&Aプロフェッショナルが，日本企業の２つの壁と３つの機能不全の課題に取り組まれることが，日本企業の経営力の強化につながると信じている。

① Where：世界観

Where（世界観）に関しては，第１章で紹介した日本企業の経営管理組織における２つの壁を思い出してほしい。１つ目の壁は，本社における本社経営企画部と経理部・財務部の間の壁である。２つ目の壁は，本社と事業部・子会社の間の壁である。

筆者が好きなテレビドラマに『半沢直樹』がある。主人公が銀行員というプロフェッションにプライドを持っていることに好感を持った。主人公が証券子会社に飛ばされた場面で，親会社である銀行の常務が主人公に「君はもうおしまいです。お，し，ま，い，Death！」と告げたのを見て大笑いした。

しかし，大笑いしながら，悲しくなった。この発言には，本社と事業部（もしくは子会社）の壁の背景にある「本社は事業部や子会社より偉い」という意識と「自分は本社のことだけ考えていればよい」というタコツボ意識が反映されている。

現在，ESGのＳ（Social）の一環として，DE&I（Diversity, Equity & Inclusion）の推進が進んでいる。新卒で入社したのが親会社か子会社（海外拠点における子会社を含む）かによって，社員の処遇やキャリアパスを区別することは，グローバル企業ではあり得ない。DE&Iの推進によって日本企業の負の遺産が一掃されることを期待する。DE&Iの推進が日本企業の２つ目の壁（本社と事業部・子会社の間の壁）を崩す原動力になることを願っている。

②　When：歴史観

When（歴史観）に関しては，第１章で紹介した日本企業独自の経営管理組織である本社経営管理組織が誕生した経緯を思い出してほしい。

日本企業の経営管理組織を変えることは容易ではない。米国の経済紙であるウォールストリート・ジャーナルは，2022年１月３日付の電子版で，日本の『失われた数十年』から学ぶ教訓と題して，「日本が構造改革を行わなかった結果だ」と指摘した（日本経済新聞電子版（2022/1/8））。

しかし，第１章で紹介したとおり，米国においても1980年代まではFP&Aプロフェッショナルが存在しなかったことを思い出してほしい。FP&Aプロフェッショナルは1990年代に会計プロフェッショナルから分化して米国において生まれた新しいプロフェッショナル（専門職業人）なのである。

近年，グローバル市場で競争する日本企業において，CFO組織の一部として，

FP&A組織を導入する動きが始まっている。同時に，日本CFO協会や米国管理会計士協会（IMA）日本支部で，FP&Aプロフェッショナルの交流活動が進んでいる。これらの動きが，日本企業におけるFP&A組織と日本におけるFP&Aプロフェッショナルを発展させることを期待している。

（4） FP&Aプロフェッショナルの「What：成長」／「Which：選択」

FP&Aプロフェッショナルに求められるマインドセットの5つ目と6つ目は，実務経験や学習を基に「プロフェッショナルとして成長し続けたい」というGrowth Mindsetと，CFOを目指すキャリアを歩むFP&Aプロフェッショナルに求められる覚悟と備え（選択）である。

① What：成長

FP&Aプロフェッショナルのキャリア形成の中心には，本章1（2）③で紹介した事業部における定期的なローテーションがある。これは，プロフェッショナルとしての成長に必要不可欠な「旅（Journey）」と呼ばれている。この旅に必要となるのが，**図表5-12**に示した「しなやかなマインドセット（Growth Mindset）」である。Growth Mindsetは，スタンフォード大学の心理学の研究者であるドウエック（Carol Dweck）によって提唱された。

図表5-12■2つのマインドセット

硬直したマインドセット	しなやかなマインドセット
才能は変化しない。ひたすら自分は有能だと思われたい。	才能は磨けば伸びる。ひたすら学び続けたい。
●できればチャレンジしたくない	●新しいことにチャレンジしたい
●壁にぶつかったらすぐに諦める	●壁にぶつかっても耐える
●努力は忌まわしい	●努力は何かを得るために欠かせない
●ネガティブな意見は無視する	●批判から真摯に学ぶ
●他人の成功を脅威に感じる	●他人の成功から学びや気づきを得る

出所：Dweck（2006）（今西訳（2016））を基に筆者作成。

人間は，誰もが「硬直したマインドセット」と「しなやかなマインドセット」の両方のマインドセットを有している。FP&Aプロフェッショナルには，「ひたすら自分は有能だと思われたい」というマインドセットから抜け出し，「ひたすら学び続けたい」というマインドセットを持ち続けることへの強い意志が求められる。

しなやかなマインドセットのロールモデルとして２人を挙げたい。１人目は，2021年度にメジャーリーグでMVPに選ばれた大谷翔平選手である。大谷選手はインタビューに答えて，投手と打者の二刀流として活躍している背景を語っている（Yahoo News（2019/12/23））。

「僕自身，二刀流をやれるとは思ってなかったです。自分のスキルを伸ばしたい。現役中に１個でもやれることを増やしたいと思ってプレーしてきて，その延長線上にあったのが二刀流という結果かなと。」

もう１人のロールモデルは葛飾北斎である。北斎は73歳で以下の言葉を遺している（飯島（1999）p.139およびp.169）。

「七十才前に描いたものは　取るに足らない。
七十三才にして　ようやく生き物や植物の形を少し描けるようになった。
九十才で奥義を極め，
百才にして精緻の極みに達し，
百数十才でまさに生けるがごとく描けるだろう。」

また，北斎は90歳で臨終を迎えて次の言葉を残した。

「天があと５年の間，命保つことを私に
許されるなら，必ずやまさに本物といえる
画工になり得たであろう。」

Growth Mindsetの概念は，ホングレンのMCSの概念図にも反映されている。

第１章で紹介した**図表１-11**を改めて見直してほしい。ホングレンのMCSの概念図の中心に，「振り返る，学習する」が配置されている。学び続けたいというGrowth Mindsetは，「MCSの設計者であり，運営者」であるFP&Aプロフェッショナルだけでなく，FP&A組織にとっても大切なマインドセットである。

② Which：選択

６つのWの最後に紹介したいのが，CFOおよびFP&Aプロフェッショナルとしての選択である。CFOおよびFP&Aプロフェッショナルには，CEO（社長）の真のビジネスパートナーであり，自分自身が経営者であることが求められる。

拙著『経理・財務・経営企画部門のためのFP&A入門』では，日産自動車と東芝においてCEOが引き起こした倫理上の問題を紹介している。CEOには立派な人間もいれば，自分のことしか考えないとんでもない人間もいる。CEOに倫理上の問題がある場合，FP&Aプロフェッショナルはどのように行動すべきだろうか。

米国管理会計士協会（IMA）の倫理規定は，まず，弁護士と法律上の観点から問題を検討した上で，問題の是正に向けて最善を尽くすことを提案する。それでも問題を解決できない場合には，以下のとおり，「組織から離れること」を検討するように促している。

> 「米国管理会計士協会会員は，問題に関する法律上の義務や権利，リスクを弁護士と相談すべきである。問題を解決する努力が成功しない場合，組織から離れることを検討した方がよい。」

CEOに倫理上の問題がある場合，FP&Aプロフェッショナルは企業を離れる選択肢を検討するべきである。企業を離れるという選択肢なしにCEOと戦うことは無謀である。筆者が好きなテレビドラマの題名でいえば『逃げるは恥だが役に立つ』である。

CEOに倫理上の問題がない場合でも，CEOの経営目的・経営手法に関してビジネスパートナーとして容認できない場合（たとえば，「当期純利益至上主義」

や「株価至上主義」を信奉するCEO）に，FP&Aプロフェッショナルはどのように行動すべきだろうか。

インテル日本法人創立時のCFOである山口敏治氏からいただいた，CFOを目指すFP&Aプロフェッショナルへのメッセージを，以下に紹介する。

> 「石橋さん，学生や受講者に知識を教えることのほかに，CFOやFP&Aプロフェッショナルとしての倫理，信念，勇気，度胸，説明と交渉能力，その結果として，CEOと激突し，首になっても，生活に困らないという専門性と交友関係，副業の備え，等を習得，訓練，覚悟をすることの重要性を教えていただきたいと思います。」

本章の結びとして，筆者から読者に以下のメッセージを送りたい。

- CFOは，単なる経理部や財務部の責任者ではない。
- CFOの第1の役割は，CEOの「真のビジネスパートナー」であり，自分自身が経営者（経営の当事者）であることである。
- CFOの第2の役割は，「マネジメント・コントロール・システムの設計者および運営者」として，長期的に戦略を形成・実行し，短期的に業績を上げることにある。
- 「組織としてのFP&A」は，国や業界や組織によって異なる。
- 「プロフェッションとしてのFP&A」は，国や業界や組織を越えて共通である。「プロフェッションとしてのFP&A」が，FP&Aの根幹にある。
    - FP&Aプロフェッショナルに必要なスキルセットは，「真のビジネスパートナー」および「マネジメント・コントロール・システムの設計者および運営者」としての役割を果たすために必要とされるスキルセットである。
    - FP&Aプロフェッショナルに必要なマインドセットは，「経営者（経営意思決定の当事者）」でありたいという熱い想いであり，実務経験や学習を基に「プロフェッショナルとして成長し続けたい（Growth Mindset）」という強い意志である。

【参考文献】

(英文文献)

- Anthony, R. N. and V. Govindarajan (2007), *Management Control Systems*. 12th Edition. International Edition, McGraw-Hill Irwin.
- Burgelman, Robert (2002), *Strategy is Destiny,* The Free Press.(石橋善一郎・宇田理監訳(2006)『インテルの戦略』ダイヤモンド社)
- Doerr, John (2018), *Measure What Matters,* Penguin Publishing Group.(土方奈美訳(2018)『Measure What Matters』日本経済新聞出版社)
- Dweck, Carol (2006), *MINDSET,* Random House.(今西康子訳(2016)『マインドセット』草思社)
- Essaides, Nilly (2014), FP&A Guide: FP&A Organizational Structure:Trends and Best Practices, Association for Financial Professionals.(石橋善一郎訳(2022)「FP&Aガイド:FP&A組織構造—組織構造のトレンドとベストプラクティス」日本CFO協会)
- Geneen, Harold and Alvin Moscow (1984), *Managing,* Avon Books.(田中融二訳(2004)『プロフェッショナルマネージャー』プレジデント社)
- Grove, Andrew (1983), *High Output Management,* Vintage Books Editions.(小林薫訳(2017)『HIGH OUTPUT MANAGEMENT』日経BP社)
- Hope, Jeremy and Robin Fraser (2003), *Beyond Budgeting - How Managers Can Break Free from the Annual Performance Trap,* Harvard Business School Press.(清水孝監訳(2005)『脱予算経営』生産性出版)
- Horngren, Charles (2002), *Introduction to Management Accounting,* Chapters 1-19, 12th Edition, Pearson Education, Inc.(渡邊俊輔監訳(2004)『マネジメント・アカウンティング〈第2版〉TAC出版)
- Lapidus, Bryan (2021), *FP&A Guide: HOW FP&A Can Become A Better Business Partner,* Association for Financial Professionals.(石橋善一郎訳(2022)『FP&Aガイド:FP&A組織がより良いビジネスパートナーになるための方法』日本CFO協会)
- Lapidus, Bryan (2022), *FP&A Guide: Becoming a Value-focused Finance Organization,* Association for Financial Professionals.(石橋善一郎訳(2022)

『FP&Aガイド：価値を重視するCFO組織になる』日本CFO協会）

- Lapidus, Bryan (2022), *FP&A Guide: The FP&A Maturity Model*, Version 2.1, Association for Financial Professionals.（池側千絵・永井秀児・三木久生・源夏未・山本孝之・山本宣明・横井隆志・石橋善一郎訳（2022）『FP&Aガイド：FP&A組織の成熟度モデル』日本CFO協会）
- Lapidus, Bryan (2022), *FP&A Guide: The Transition from Accounting to FP&A*, Association for Financial Professionals.（石橋善一郎訳（2022）『FP&Aガイド：会計プロフェッショナルからFP&Aプロフェッショナルへの移行』日本CFO協会）
- Schoenberg, Robert (1985), *GENEEN*, Warner Books Inc.（角間隆・古賀林幸訳（1987）『ジェニーン』徳間書店）
- Schmidt E., Rosenberg J. and Eagle A. (2019), *TRILLION DOLLAR COACH*, Harper Business.（櫻井祐子訳（2019）『１兆ドルコーチ』ダイヤモンド社）
- Serven L. and Krumwiede K. (2019), "Key Principles of Effective Financial Planning and Analysis", IMA's Statement of Management Accounting.（石橋善一郎訳〈著者の許可に基づく〉『効果的なFP&Aの12の原則』）
- Siegel G. and Sorensen J. (1999), Counting More, Counting Less –Transformation in the Management Accounting Profession–, *Strategic Finance*, September 1999.
- Swientozielsky, Steven (2016) *Business Partnering: A Practical Handbook*, Routledge.
- The Institute of Management Accountants (2019), *IMA Competency Framework*, IMA's Statements of Management Accounting.（清水孝・町田遼太・池側千絵・石橋善一郎訳（2022）『IMA管理会計コンピィテンシー・フレームワーク』IMA日本支部）
- Van Horne J. and Wachowicz J. (2008), *Fundamentals of Financial Management*, 13th Edition, Prentice Hall.

（和文文献）

- 淺田一成・山本零（2016）「企業の中期経営計画に関する特性及び株主価値との関連性について―中期経営計画データを用いた実証分析」『証券アナリストジャー

ナル』54(5)：pp.67-78。
- 飯島虚心（1999）『葛飾北斎伝』岩波書店。
- 石川潔（2014）『わが国経営企画部門の機能の解明』文芸社。
- 石橋善一郎（2021）『経理・財務・経営企画部門のためのFP&A入門』中央経済社。
- 稲盛和夫（1998）『稲盛和夫の実学 ―経営と会計』日本経済新聞出版社。
- 稲盛和夫（2006）『アメーバ経営―ひとりひとりの社員が主役』日本経済新聞出版社。
- 大塚寿昭編著（2019）『CFOの履歴書』中央経済社。
- 小倉昌男（1999）『小倉昌男　経営学』日経BP。
- 加登豊・石川潔・大浦啓輔・新井康平（2007）「わが国の経営企画部の実態調査」『原価計算研究』31(1)：pp.52-62。
- 門坂康彦（2001）「連結経営管理の進化と資本コストマネジメント」『企業会計』53(12)。
- 桜井久勝（2020）『財務諸表分析〈第８版〉』中央経済社。
- 谷武幸（2013）『エッセンシャル管理会計〈第３版〉』中央経済社。
- 戸部良一・寺本義也・鎌田伸一・杉之尾孝生・村井友秀・野中郁次郎（1984）『失敗の本質―日本軍の組織論的研究』ダイヤモンド社。
- 永守重信（2005）『情熱・熱意・執念の経営―すぐやる！ 必ずやる！ 出来るまでやる！』PHP研究所。
- 柳井正（2003）『一勝九敗』新潮社。
- 柳井正（2009）『成功は一日で捨て去れ』新潮社。
- 柳井正解説・プレジデント書籍編集部編（2010）『プロフェッショナルマネジャー・ノート』プレジデント社。
- 湯元健治・パーソル総合研究所編著（2021）『日本的ジョブ型雇用』日本経済新聞出版。
- 吉川治・高橋賢・真鍋誠司（2016）「経営戦略策定における経営企画部門の役割―日本企業の実態調査」『企業会計』68(1)：pp.84-90。

（新聞・Web等の記事および講演録）

- 池側千絵（2021）「CFO Forum：FP&Aの最新トレンド―AFP Fin Next 2021カンファレンスの参加報告：Becoming an Analytics Business Partner: How to Get

There（presented by Harry Maisel, Jesper Sorensen）」日本CFO協会。
- 日本CFO協会主催FP&A実務勉強会 Serven L. 講演（2022/2/16）「FP&Aの12の原則について」。
- 日本経済新聞朝刊（2021/6/4）「ROEが高い日経平均株価採用銘柄上位10社」。
- 日本経済新聞電子版（2022/1/8）「『公益』企業，米で増殖―還元優先は株主本位か成長の未来図⑦」。
- Yahoo News（2019/12/23）「『スラムダンク』なら神宗一郎：エンゼルス大谷翔平，謙虚過ぎる25歳」。
- WWDJAPAN・林芳樹（2020/12/29）「『まじめな経営者が会社をダメにする』ワークマン土屋氏が初の著書で伝えたかったこと」。

索　引

英数

あ行

か行

■ さ行 ■

■ た行 ■

な行

は行

ま行

や行

ら行

《著者紹介》

石橋　善一郎（いしばし　ぜんいちろう）……執筆／第1章・第2章・第5章

一般社団法人日本CFO協会 FP&Aプログラム運営委員会 委員長，米国管理会計士協会（IMA）日本支部 President，LEC会計大学院 特任教授，千葉商科大学会計大学院 客員教授，中央大学大学院戦略経営研究科 客員教授，株式会社常陽銀行 社外取締役

プロフィール：上智大学法学部卒業，スタンフォード大学経営大学院修士課程修了（MBA），一橋大学大学院国際企業金融戦略研究科修士課程修了（MBA），筑波大学大学院ビジネス企業科学専攻博士後期課程単位取得退学。富士通株式会社，富士通アメリカ，株式会社コーポレイトディレクションズ，インテル米国本社事業部コントローラーを経て，インテル株式会社最高財務責任者に就任。D&Mホールディングス株式会社にて執行役兼最高財務責任者，日本トイザらス株式会社にて代表取締役副社長兼最高財務責任者を歴任。
東北大学会計大学院にて教授，早稲田大学会計大学院，一橋大学大学院経営管理研究科，相模女子大学大学院社会起業研究科，筑波大学大学院グローバル研究院にて非常勤講師を歴任。米国管理会計士協会（IMA）の米国本部および東京支部でボードメンバーを歴任。

資　格：米国公認管理会計士（USCMA），米国公認財務管理士（CFM），米国公認戦略競争分析士（CSCA），米国公認会計士（イリノイ州，Certificate），米国公認内部監査人（CIA），米国公認Corporate FP&Aプロフェッショナル（FPAC）。

著書等：『最先端の経営管理を実践するFP&Aハンドブック』（単著，中央経済社，2024年），『FP&Aベストプラクティス大全』（監訳，株式会社CFO本部，2023年），『経理・財務・経営企画部門のためのFP&A入門』（単著，中央経済社，2021年），『CFO最先端を行く経営管理』（共著，中央経済社，2020年），『CFOの履歴書』（共著，中央経済社，2019年），『BSC戦略マネジメントハンドブック』（共訳，中央経済社，2009年），『インテルの戦略』（共訳，ダイヤモンド社，2006年），『脱予算経営』（共訳，生産性出版，2005年）。

三木　晃彦（みき　あきひこ）……執筆／第３章

リガク・ホールディングス株式会社 専務執行役員CFO

プロフィール：慶應義塾大学経済学部卒。外資系IT企業の日本法人に新卒で入社し，予算管理（米国駐在を含む），価格設定，事業部CFO等を務める。その後，外資系PCメーカーの日本法人の取締役CFO，外資系教育出版会社の日本法人のCFO兼COO，外資系IT企業の日本法人（理事として再入社）における２つの事業部CFO，日系素材メーカーの執行役員としてグループ業績管理（英国駐在）と経理部アジア統括を務める。2022年６月に株式会社リガクに入社し，８月より現職。
日本における米国公認会計士の団体である一般社団法人JUSCPA（Japan Society of U.S. CPAs）の理事（2016-2017年に代表理事）。

資　格：米国公認会計士（モンタナ州），米国公認管理会計士（U.S.CMA），日本ソムリエ協会ワインエキスパート。

著　書：『ドラマで学ぶ実践・内部統制』（共著，日本経済新聞出版社，2007年），『インテルの戦略』（共訳，ダイヤモンド社，2006年），『グローバル時代の会計がわかる本』（共著，中央経済社，2000年），『アメリカ公認会計士チャレンジガイド』（共著，中央経済社，1997年）。

本田　仁志（ほんだ　ひとし）……執筆／第４章

2024年４月より，コクヨ株式会社 執行役員 理財本部長

プロフィール：早稲田大学政治経済学部経済学科を卒業後，株式会社東芝に入社。経理および財務領域を担当。工場の原価担当から，全社規模の投融資管理，資金戦略策定などを経験した後，グループおよび個別事業の中期計画・予算策定等を担った。
その後，株式会社アーバンコーポレイション，株式会社ファーストリテイリングを経て，2008年８月，トランスコスモス株式会社に経営企画部長として入社。その後，CFOに就任し，経営管理，経理，財務，法務，総務，システム部門などの領域を統括した。

CFOとFP&A

2023年1月10日　第1版第1刷発行
2024年10月15日　第1版第4刷発行

著　者　石　橋　善一郎
　　　　三　木　晃　彦
　　　　本　田　仁　志
発行者　山　本　　継
発行所　㈱中央経済社
発売元　㈱中央経済グループパブリッシング
〒101-0051　東京都千代田区神田神保町1-35
電話　03（3293）3371（編集代表）
　　　03（3293）3381（営業代表）
https://www.chuokeizai.co.jp

印刷／㈱堀内印刷所
製本／㈲井上製本所

ISBN978-4-502-44841-6　C3034